Impressum
Verlag: BABADADA GmbH, Nedderfeld 112 , 22529 Hamburg
Geschäftsführer / Verlagsleitung: Harald Hof
Druck: Books on Demand GmbH, In de Tarpen 42, 22848 Norderstedt

Imprint
Publisher: BABADADA GmbH, Nedderfeld 112 , 22529 Hamburg, Germany
Managing Director / Publishing direction: Harald Hof
Print: Books on Demand GmbH, In de Tarpen 42, 22848 Norderstedt, Germany

School

škola

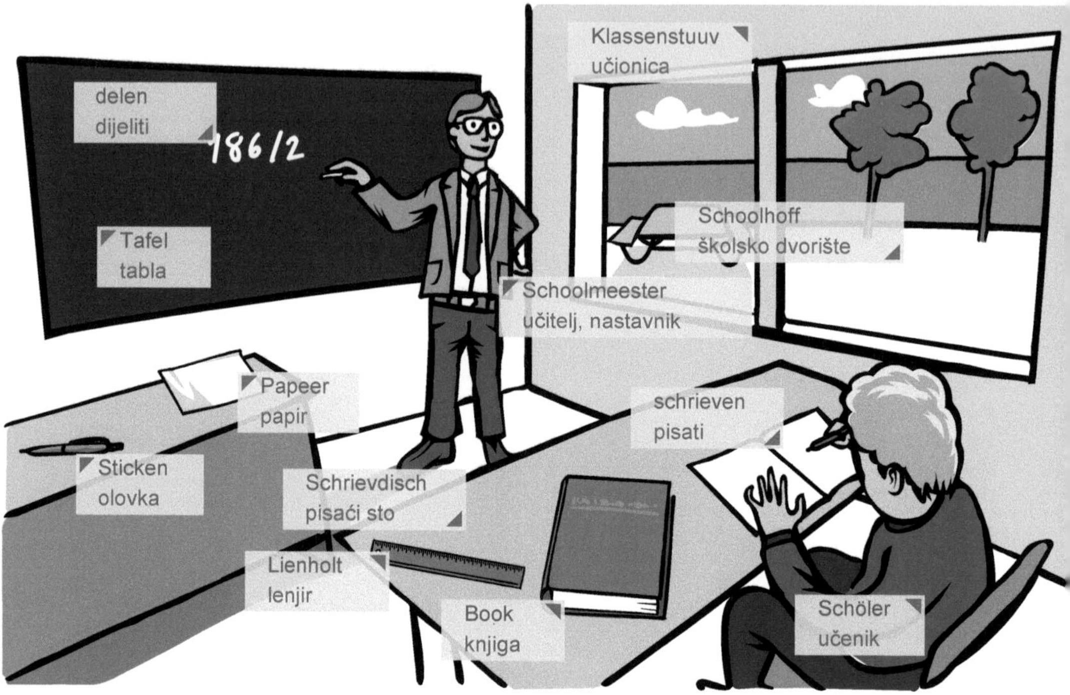

Klassenstuuv
učionica
delen
dijeliti
186/2
Tafel
tabla
Schoolhoff
školsko dvorište
Schoolmeester
učitelj, nastavnik
Papeer
papir
schrieven
pisati
Sticken
olovka
Schrievdisch
pisaći sto
Lienholt
lenjir
Book
knjiga
Schöler
učenik

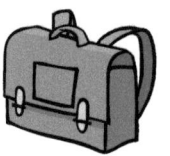

Ranzel

torba

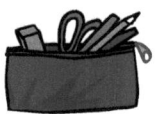

Feddermapp

pernica

Bleesticken

drvena olovka

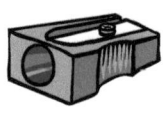

Scharpmaker

šiljalo za olovke

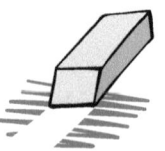

Radeergummi

gumica

Tekenblock

blok za crtanje

Teken

crtež

Pinsel

kist

Malkassen

kutija s bojama

Scheer

makaze

Klever

ljepilo

Heft to'n Öven

vježbanka

Huusopgaav

domaća zadaća

Tall

broj

tohooptellen

sabirati

aftrecken

oduzimati

malnehmen

množiti

reken

računati

Bookstaav

slovo

ABC

abeceda

Woort

riječ

Text

tekst

lesen

čitati

Kried

kreda

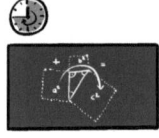

Stunn

sat

Klassenbook

školski dnevnik

Pröven

ispit

Tüügnis

svjedočanstvo

Schooluniform

školska uniforma

Utbillen

izobrazba

Nakieksel

leksikon

Universität

univerzitet

Mikroskop

mikroskop

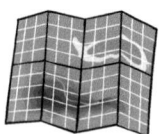

Koort

karta

Papeerkorf

korpa za papir

Törn
putovanje

Hotel
hotel
Grand
Harbarg
hostel
ROOMS
EXCHANGE
Wesselstuuv
mjenjačnica
Kuffer
kofer
Auto
auto

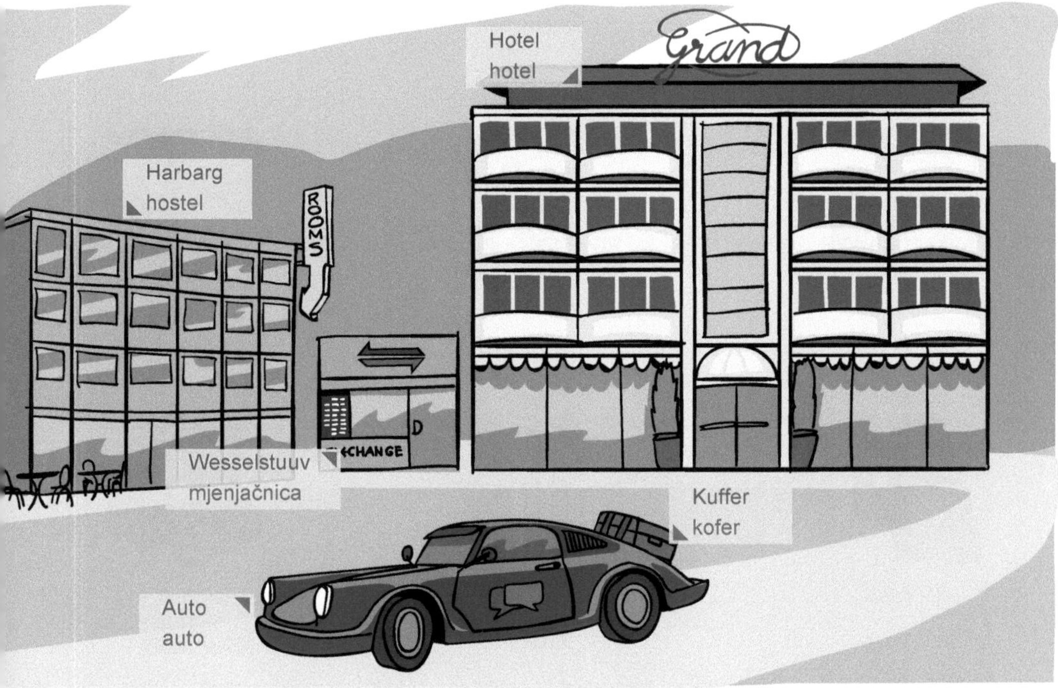

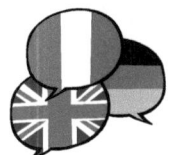

Spraak
jezik

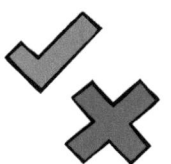

jo / ne
da / ne

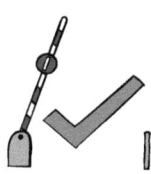

Jo
okej

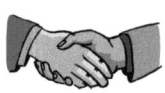

Moin
zdravo

Översetter
tumač

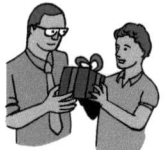

Dank ok
hvala

Wat kost...?

Koliko košta...?

Ik verstah nich

Ne razumijem

Problem

problem

Goden Avend

dobro veče!

Moin!

Dobro jutro!

Gode Nacht!

Laku noć!

Tschüüs

doviđenja

Richt

smjer

Bagaasch

prtljag

Tasch

torba

Rüchsack

ruksak

Gast

gost

Stuuv

soba

Slaapsack

vreća za spavanje

Telt

šator

Touristeninformatschoon

turističke informacije

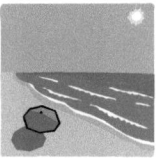

Strand

plaža

Kreditkoort

kreditna kartica

Fröhstück

doručak

Meddageten

ručak

Avendeten

večera

Fohrkort

putna karta

Fohrstohl

lift

Breefmark

poštanska markica

Grenz

granica

Toll

carina

Bottschop

ambasada

Visum

viza

Pass

pasoš

Transport
transport

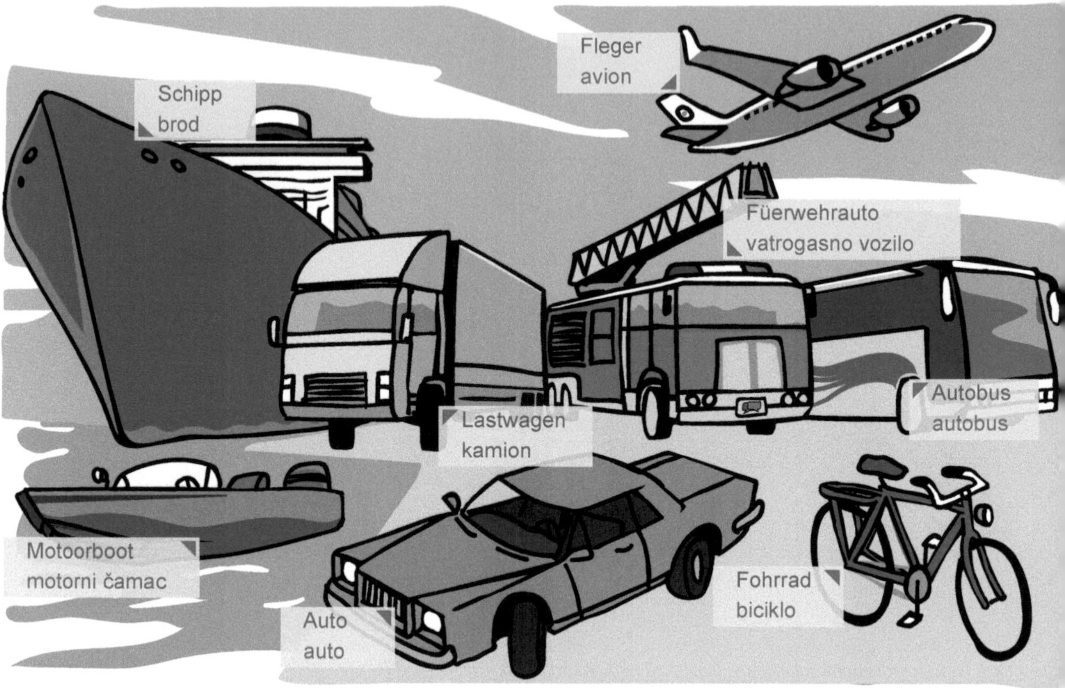

Schipp
brod
Fleger
avion
Füerwehrauto
vatrogasno vozilo
Autobus
autobus
Lastwagen
kamion
Motoorboot
motorni čamac
Fohrrad
biciklo
Auto
auto

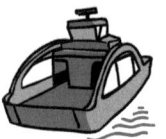

Fähr

trajekt

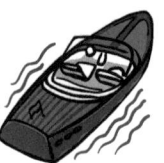

Boot

brod

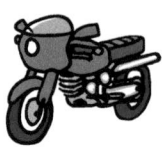

Motoorrad

motocikl

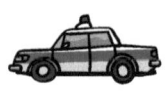

Polizeiauto

policijski automobil

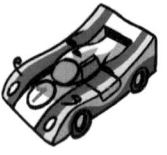

Rönnauto

trkaći automobil

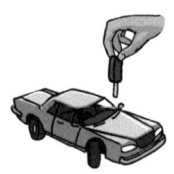

Lehnwagen

unajmljeni automobil

Carsharing

kar-šering

Afsleepwagen

pauk

Müllauto

smećarsko vozilo

Motoor

motor

Kraftstoff

gorivo

Tanksteed

benzinska pumpa

Verkehrsschild

saobraćajni znak

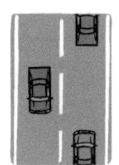

Verkehr

saobraćaj

Stau

zastoj

Afstellplatz

parking

Bahnhoff

željeznička stanica

Sporen

šine

Tog

voz

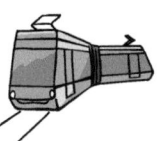

Stratenbahn

tramvaj

Wagon

vagon

Dwarsmöhl

helikopter

Flooghaven

aerodrom

Tower

toranj

Fohrgast

putnik

Grootkist

kontejner

Karton

karton

Koor

tačke

Korf

korpa

starten / lannen

poletjeti / sletjeti

Stadt

grad

Dörp

selo

Binnenstadt

centar grada

Huus

kuća

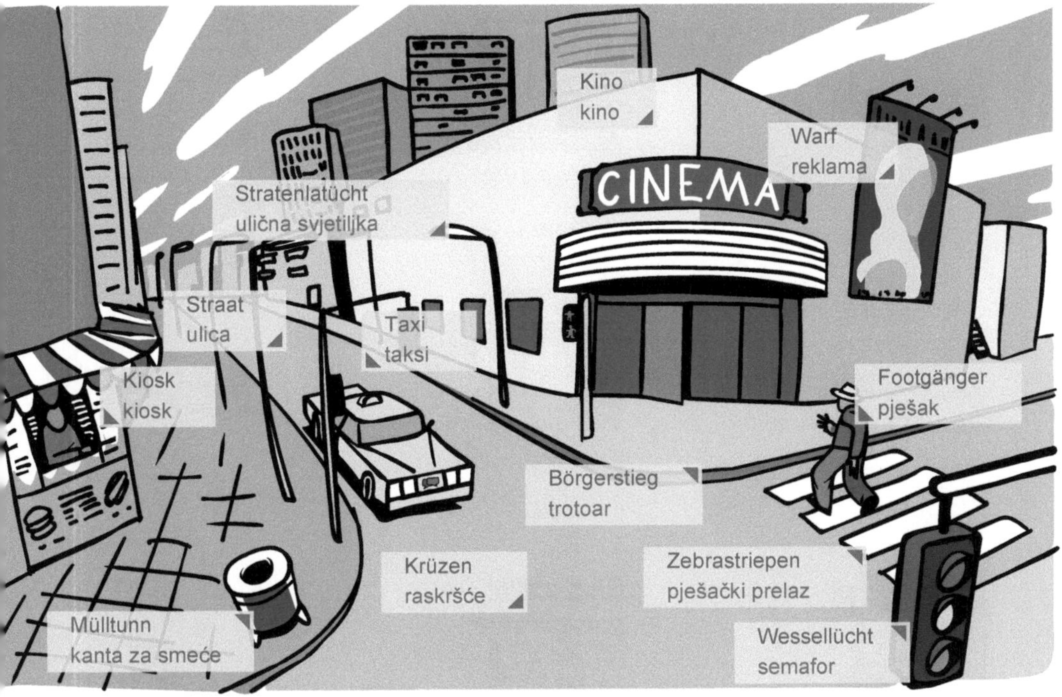

Kino
kino

Warf
reklama

Stratenlatücht
ulična svjetiljka

Straat
ulica

Taxi
taksi

CINEMA

Kiosk
kiosk

Footgänger
pješak

Börgerstieg
trotoar

Krüzen
raskršće

Zebrastriepen
pješački prelaz

Mülltunn
kanta za smeće

Wessellücht
semafor

Hütt

koliba

Wahnung

stan

Bahnhoff

željeznička stanica

Raathuus

vjećnica

Museum

muzej

School

škola

Universität

univerzitet

Bank

banka

Krankenhuus

bolnica

Hotel

hotel

Afteek

apoteka

Büro

ured

Bookhökerie

knjižara

Hökerie

radnja

Blomenhökerie

cvjećara

Supermarkt

supermarket

Markt

pijaca

Koophuus

robna kuća

Fischhökerie

prodavač ribe

Inkoopszentrum

trgovački centar

Haven

luka

Parkanlaag

park

Bank

klupa

Brüch

most

Trepp

stepenice

Ünnergrundbahn

podzemna željeznica

Tunnel

tunel

Busstoppsteed

autobuska stanica

Bar

bar

Spieslokal

restoran

Breefkassen

poštanski sandučić

Stratenschild

saobraćajni znak

Parkklock

sat za naplatu parkinga

Deertenpark

zološki vrt

Baadanstalt

bazen

Moschee

džamija

Buernhoff

seosko imanje

Ümweltversmudden

zagađenje okoline

Karkhoff

groblje

Kark

crkva

Speelplatz

igralište

Tempel

hram

Landschop
krajolik

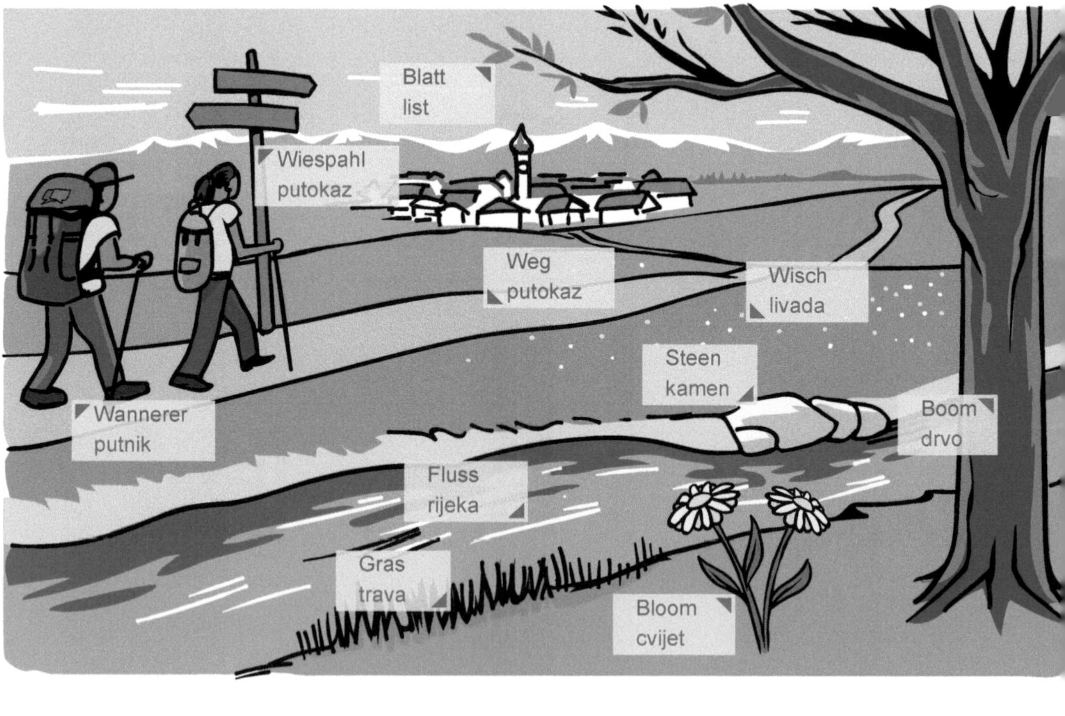

Blatt
list

Wiespahl
putokaz

Weg
putokaz

Wisch
livada

Steen
kamen

Boom
drvo

Wannerer
putnik

Fluss
rijeka

Gras
trava

Bloom
cvijet

Daal

dolina

Barg

brdo

See

jezero

Holt

šuma

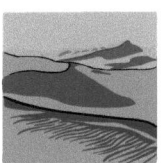

Wööst

pustinja

Füerspien Barg

vulkan

Slott

dvorac

Regenbagen

duga

Poggenstohl

gljiva

Palm

palma

Steekmück

komarac

Fleeg

muha

Miegeemk

mrav

Imm

pčela

Spinn

pauk

Sebber

buba

Pogg

žaba

Katteker

vjeverica

Swienegel

jež

Haas

zec

Uul

sova

Vagel

ptica

Swaan

labud

Wildswien

divlja svinja

Hirsch

jelen

Elk

los

Staudamm

brana

Windrad

vjetrenjača

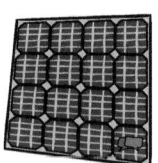

Solarmodul

solarni modul

Klima

klima

Spieslokal
restoran

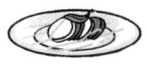

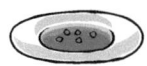

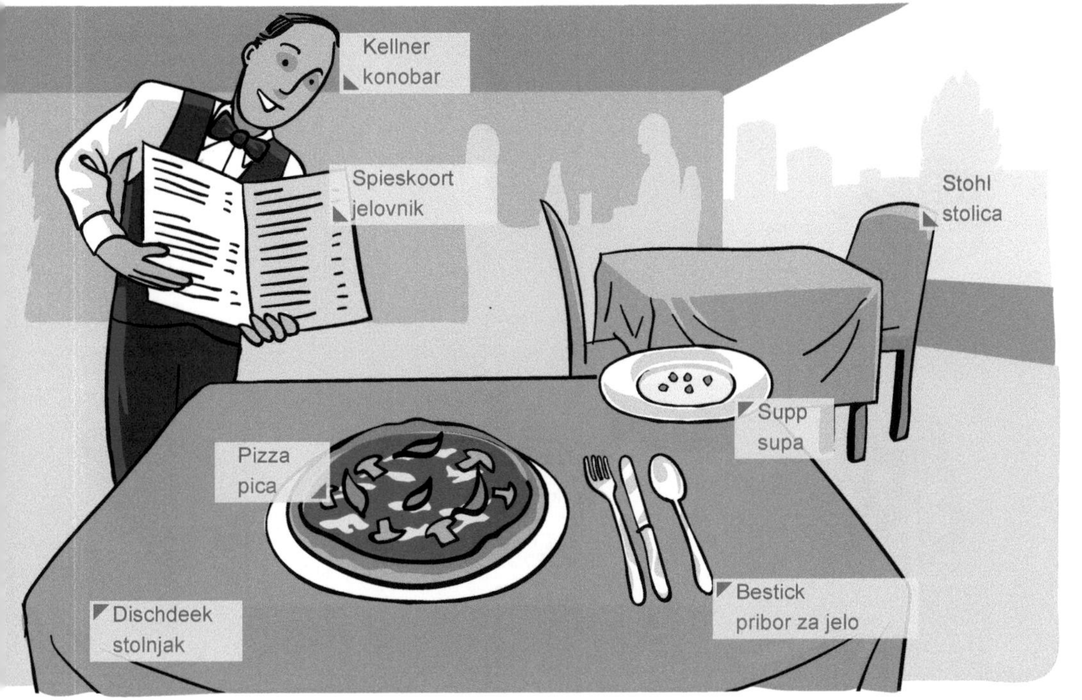
Kellner
konobar
Spieskoort
jelovnik
Stohl
stolica
Supp
supa
Pizza
pica
Bestick
pribor za jelo
Dischdeek
stolnjak

Vörspies
predjelo

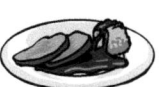

Haupteten
glavno jelo

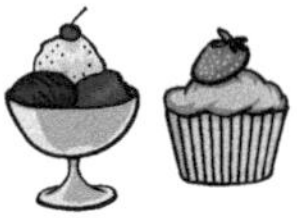

Nadisch
desert

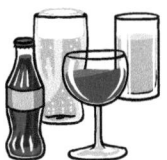

Drünk
piće

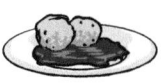

Eten
jelo

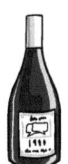

Buddel
flaša

Fastfood

brza hrana

Strateneten

jelo sa ulice

Teekann

čajnik

Zuckerdoos

šećernica

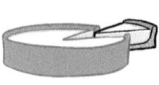

Portschoon

porcija

Espressomaschien

mašina za espreso

Hoochstohl

barska stolica

Reken

račun

Tablett

tacna

Mess

nož

Gavel

viljuška

Lepel

kašika

Teelepel

kašičica

Munddook

salveta

Glas

čaša

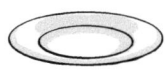

Töller

tanjir

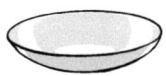

Suppentöller

tanjir za supu

Ünnertass

tanjurić

Sooß

sos

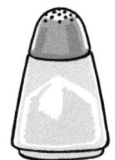

Soltstreuer

solanik

Pepermöhl

mlin za biber

Etig

sirće

Ööl

ulje

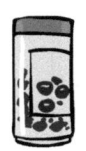

Krüder

začini

Ketchup

kečap

Mostrich

senf

Mayonnaise

majoneza

Supermarkt
supermarket

Anbott
ponuda
FOR
Kunn
klijent
Melkprodukten
mliječni proizvodi
Aaft
voće
Inkoopswagen
kolica za kupovinu

BUTCHERS

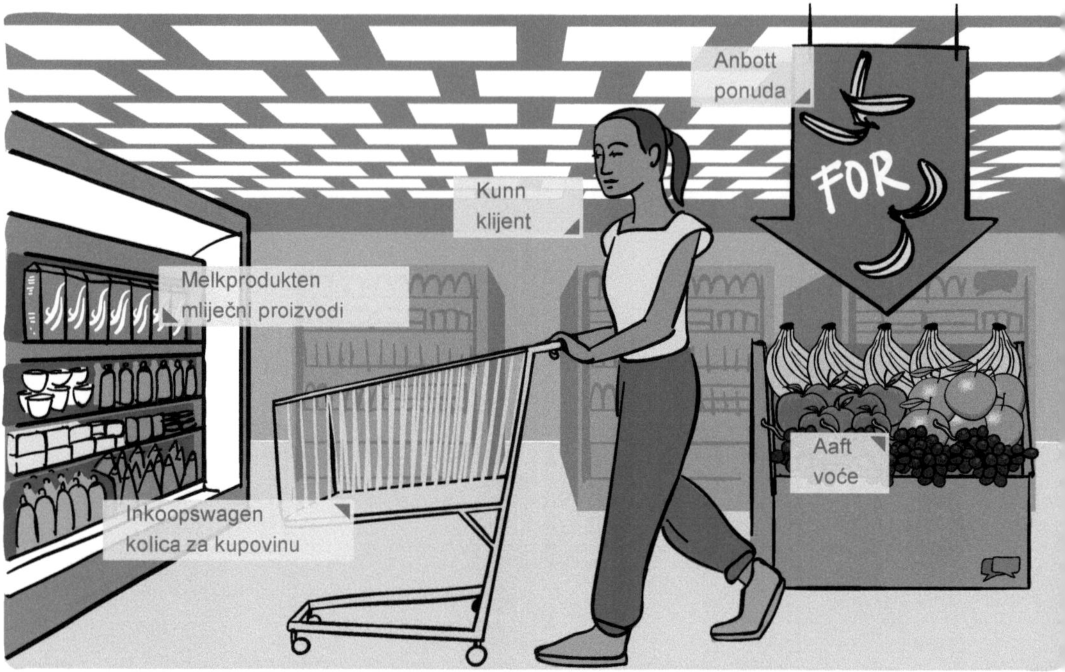

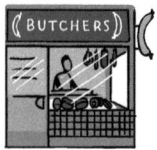

Slachterie

mesnica- klaonica

BAKERY

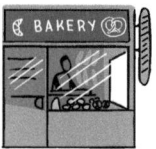

Bäckerie

pekara

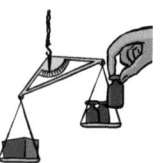

wegen

vagati

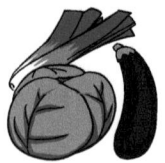

Gröönsaken

povrće

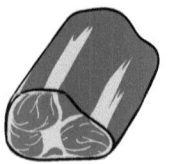

Fleesch

meso

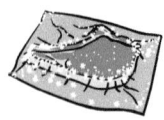

Deepköhlkost

zaleđena hrana

Opsnitt

narezak

Konserven

konzerve

Waschmiddel

prašak za veš

Snoopkraam

slatkiši

Huushooltssaken

kućanski proizvodi

Reinmaaktüüch

sredstvo za čišćenje

Verköpersche

prodavačica

Kass

kasa

Kasserer

blagajnik

Inkoopslist

lista za kupovinu

Opsparrtieden

radno vrijeme

Breeftasch

novčanik

Kreditkoort

kreditna kartica

Tasch

torba

Plastiktüüt

najlonska vrećica

Water

voda

Saft

sok

Melk

mlijeko

Cola

kola

Wien

vino

Beer

pivo

Spriet

alkohol

Kakao

kakao

Tee

čaj

Koffie

kafa

Espresso

espreso

Cappucino

kapućino

Banaan

banana

Appel

jabuka

Appelsien

narandža

Meloon

lubenica

Zitroon

limun

Wöttel

mrkva

Knuuvlook

bijeli luk

Bambus

bambus

Zibbel

crveni luk

Poggenstohl

gljiva

Nööt

orašasti plodovi

Nudeln

pasta

Spaghetti

špagete

Ries

riža

Salat

salata

Pommes frites

pomfrit

Braadkantüffeln

pečeni krompir

Pizza

pica

Hamborger

hamburger

Sandwich

sendvič

Snitzel

šnicla

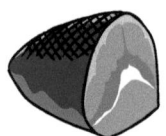

Schinken

šunka

Salami

kobasica

Wust

kobasica

Hohn

kokoš

Braden

pečenje

Fisch

riba

Haverflocken

zobene pahuljice

Müsli

muzli

Cornflakes

kornfleks

Mehl

brašno

Croissant

kroason

Rundstück

zemičke

Broot

kruh

Toast

tost

Keksen

keksi

Botter

maslac

Quark

svježi sir

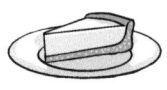

Koken

kolač

Ei

jaje

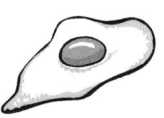

Spegelei

jaje na oko

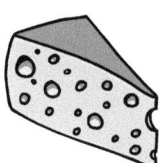

Kees

sir

Ies
....
sladoled

Zucker
....
šećer

Honnig
....
med

Marmelaad
....
marmelada

Nougat-Creme
....
nugat krema

Curry
....
kuri

Buernhoff
seosko imanje

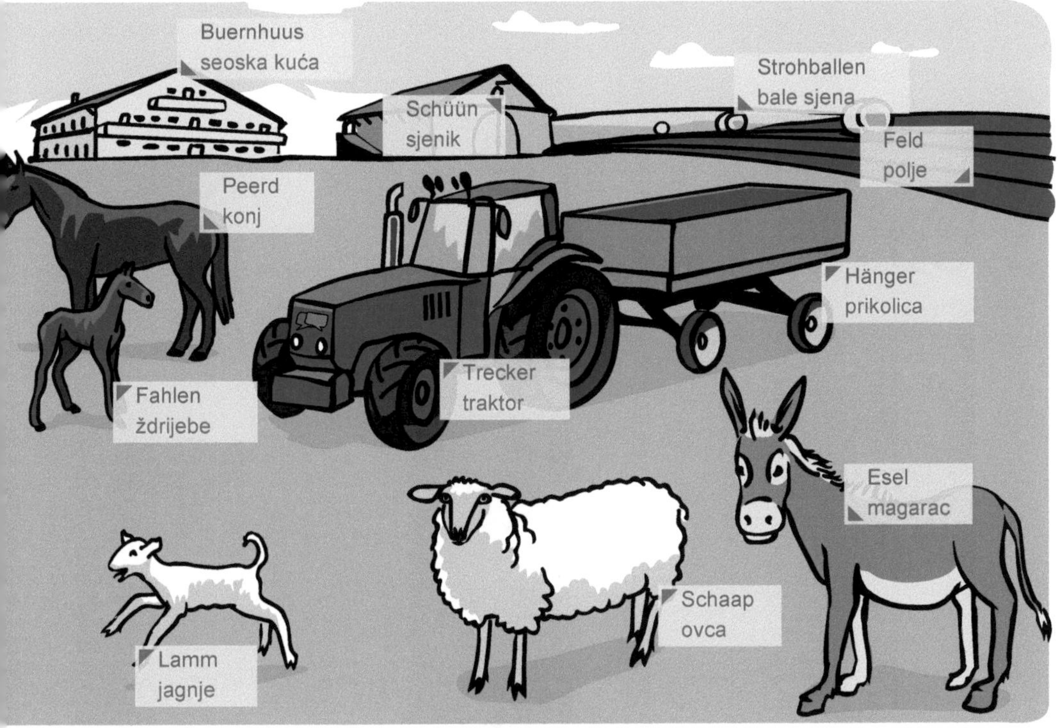
Buernhuus
seoska kuća
Schüün
sjenik
Strohballen
bale sjena
Feld
polje
Peerd
konj
Hänger
prikolica
Trecker
traktor
Fahlen
ždrijebe
Esel
magarac
Schaap
ovca
Lamm
jagnje

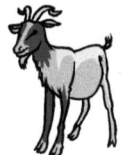

Zeeg
....
koza

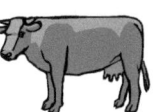

Koh
....
krava

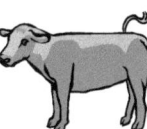

Kalf
....
tele

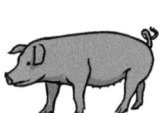

Swien
....
svinja

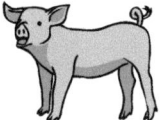

Farken
....
prase

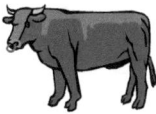

Bull
....
bik

Goos

guska

Aant

patka

Küken

pile

Hohn

kokoška

Hahn

pjetao

Rott

pacov

Katt

mačka

Muus

miš

Oss

vol

Hund

pas

Hunnenhütt

pseća kućica

Goornslauch

crijevo za baštu

Geetkann

kanta za zalijevanje

Lee

kosa

Ploog

plug

Sich

srp

Hack

motika

Mestfork

vile

Ext

sjekira

Schuufkoor

tačke

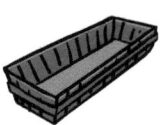

Trog

korito

Melkkann

bokal za mlijeko

Sack

vreća

Tuun

ograda

Stall

štala

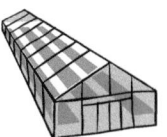

Drievhuus

staklenik

Bodden

tlo

Saat

sjeme

Dünger

đubrivo

Meihdöscher

kombajn

oornen

kositi

Oorn

žetva

Yamswöttel

jam korijen

Weten

pšenica

Soja

soja

Kantüffel

krompir

Törksche Weten

kukuruz

Rapp

uljana repica

Aaftboom

drvo voća

Troopsch Kantüffel

manioka

Koorn

žito

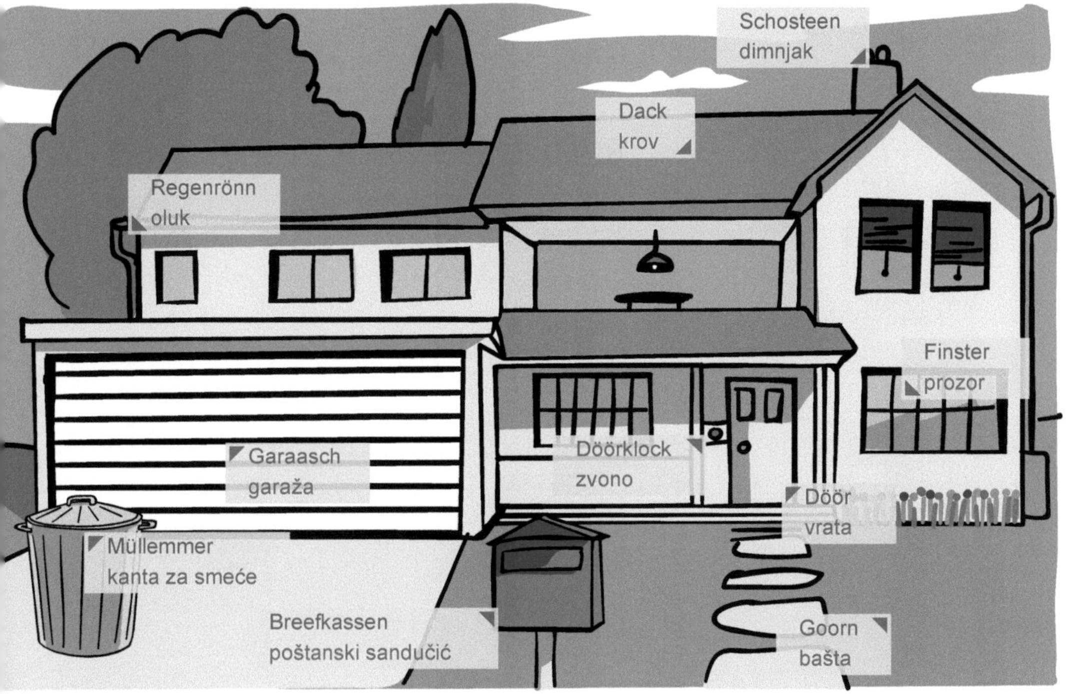

Schosteen
dimnjak

Dack
krov

Regenrönn
oluk

Finster
prozor

Garaasch
garaža

Döörklock
zvono

Döör
vrata

Müllemmer
kanta za smeće

Breefkassen
poštanski sandučić

Goorn
bašta

Wahnstuuv

dnevni boravak

Baadstuuv

kupatilo

Köök

kuhinja

Slaapstuuv

spavaća soba

Kinnerstuuv

dječija soba

Eetstuuv

trpezarija

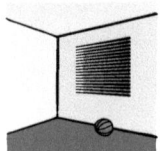

Footbodden

pod, tlo

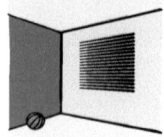

Wand

zid

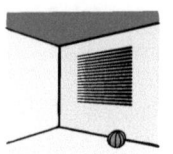

Deek

plafon

Keller

podrum

Hittluftbad

sauna

Balkon

balkon

Terrass

terasa

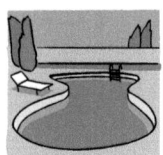

Swümmbad

bazen

Rasenmeiher

kosilica

Bettbetog

posteljina

Bettdeek

pokrivač

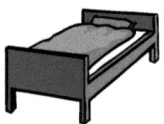

Puuch

krevet

Bessen

metla

Emmer

kanta

Schalter

prekidač

Wahnstuuv
dnevni boravak

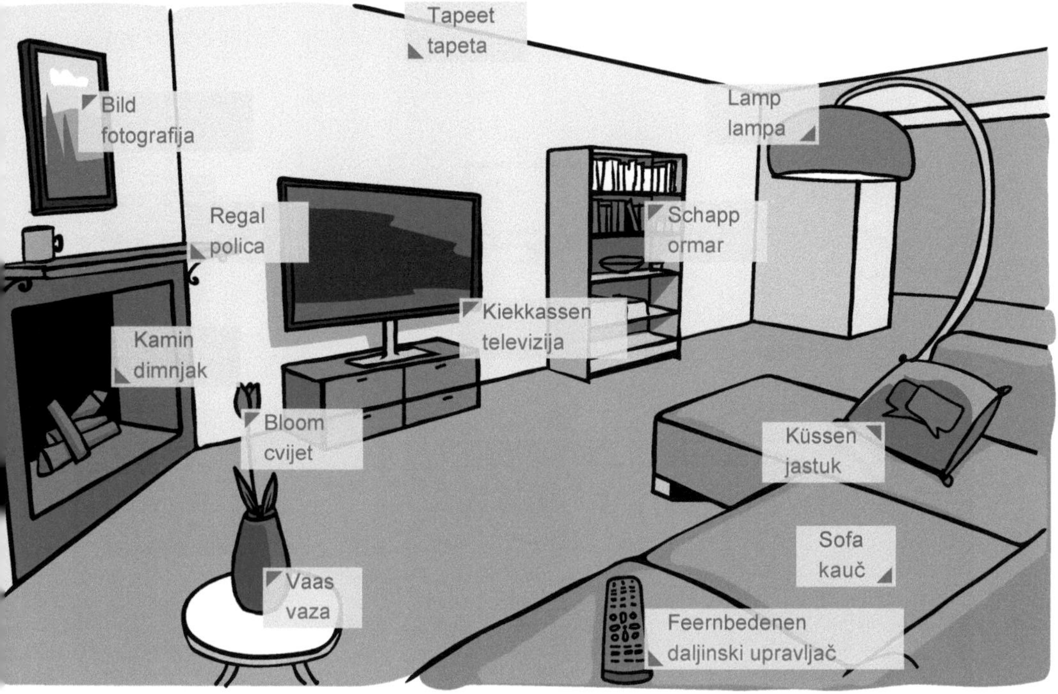
Tapeet
tapeta
Bild
fotografija
Lamp
lampa
Regal
polica
Schapp
ormar
Kiekkassen
televizija
Kamin
dimnjak
Bloom
cvijet
Küssen
jastuk
Sofa
kauč
Vaas
vaza
Feernbedenen
daljinski upravljač

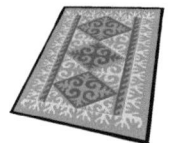

Teppich

tepih

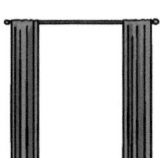

Vörhang

zavjesa

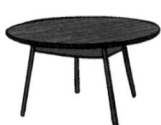

Disch

stol

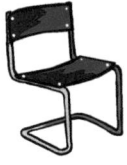

Stohl

stolica

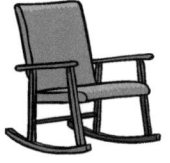

Schuckelstohl

stolica za ljuljanje

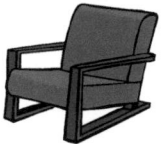

Sessel

fotelja

Book

knjiga

Deek

deka

Dekoratschoon

dekoracija

Füerholt

ložno drvo

Film

film

Stereoanlaag

stereo uređaj

Slötel

ključ

Narichtenblatt

novine

Gemälde

umjetnička slika

Poster

poster

Radio

radio

Opschrievblock

blok za bilješke

Huulbessen

usisavač

Kaktus

kaktus

Kars

svijeća

Köök
kuhinja

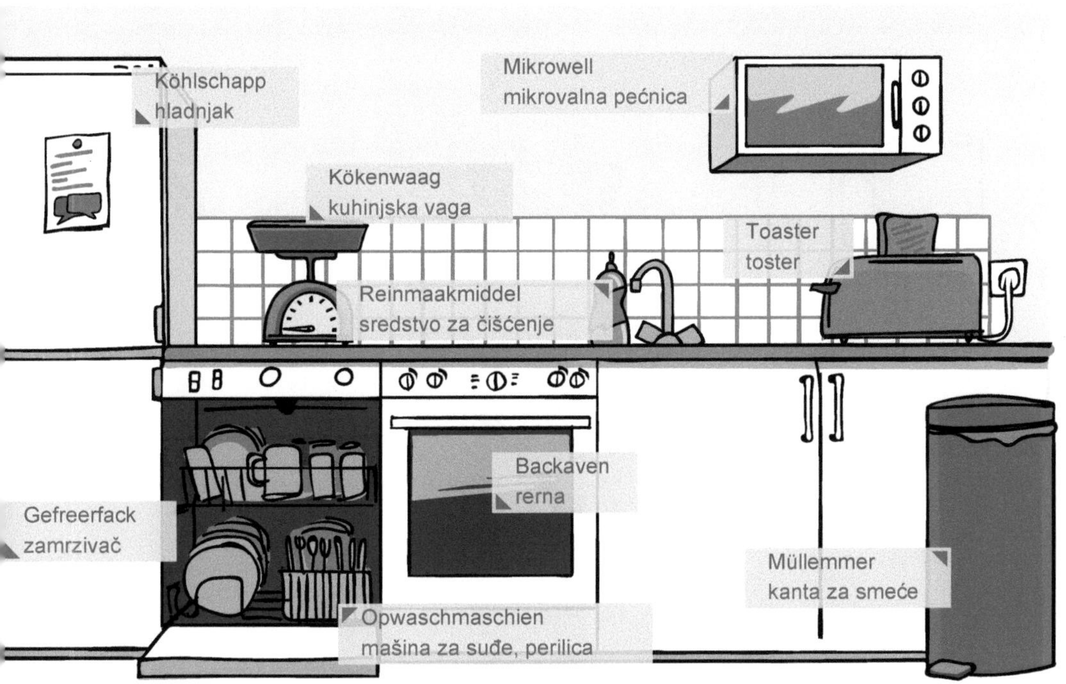

Köhlschapp
hladnjak
Mikrowell
mikrovalna pećnica
Kökenwaag
kuhinjska vaga
Toaster
toster
Reinmaakmiddel
sredstvo za čišćenje
Backaven
rerna
Gefreerfack
zamrzivač
Müllemmer
kanta za smeće
Opwaschmaschien
mašina za suđe, perilica

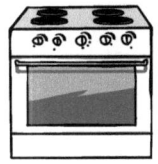

Heerd
peć

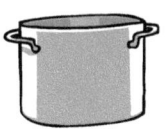

Pott
lonac

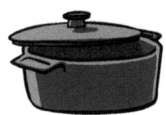

Gussiesern Putt
metalni lonac

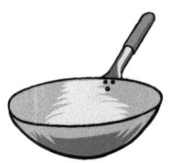

Wok / Kadai
vok / kadai

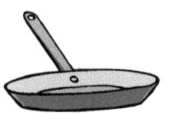

Pann
tava, tiganj

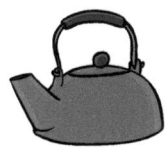

Waterkaker
kuhalo

Dampkaakputt

aparat za kuhanje na pari

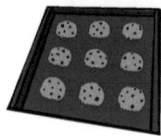

Backblick

lim za pečenje

Geschirr

posuđe

Beker

šalica

Schaal

činija

Eetsticken

kineski štapići

Suppenkell

kutlača

Pannenwenner

lopatica

Sneebessen

metlica za snijeg bjelanjca

Kaakseef

sito za kuhanje

Seef

sito

Riev

ribež

Mörser

avan s tučkom

Grill

roštilj

Füerstell

ložište

Sniedbrett

daska

Nudelholt

oklagija

Proppentrecker

vadičep

Doos

konzerva

Dosenaapner

otvarač za konzerve

Pottlappen

krpe za lonac

Waschbecken

sudoper

Böst

četka

Swamm

spužva

Mixer

mikser

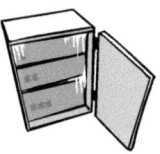

lesschapp

zamrzivač

Nuckelbuddel

flašica za bebu

Waterhahn

slavina

Baadstuuv
kupatilo

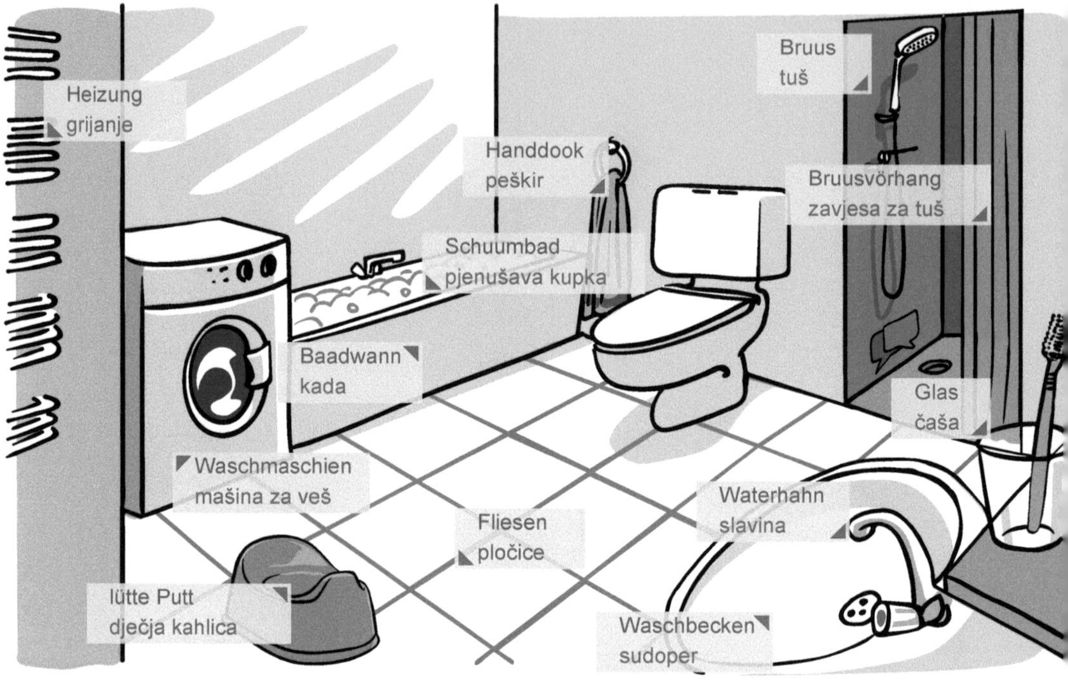

Heizung
grijanje
Handdook
peškir
Bruus
tuš
Bruusvörhang
zavjesa za tuš
Schuumbad
pjenušava kupka
Baadwann
kada
Glas
čaša
Waschmaschien
mašina za veš
Waterhahn
slavina
Fliesen
pločice
lütte Putt
dječja kahlica
Waschbecken
sudoper

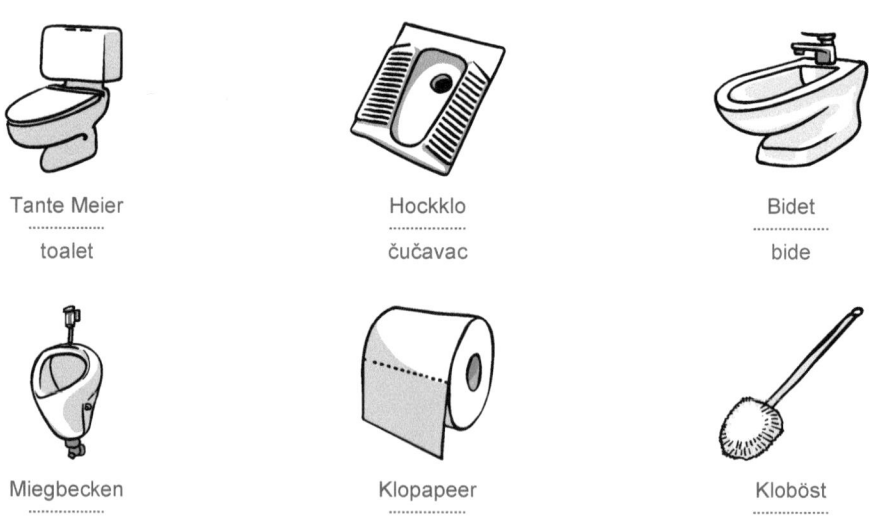

Tante Meier

toalet

Hockklo

čučavac

Bidet

bide

Miegbecken

pisoar

Klopapeer

toalet papir

Kloböst

četka za wc

Tähnböst

četkica za zube

Tähnpast

pasta za zube

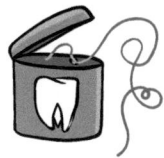

Tähnsied

zubni konac

waschen

prati

Handbruus

tuš

Intimbruus

intimni tuš

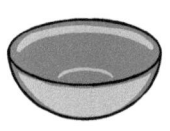

Waschschöttel

lavor

Rüchböst

četka za leđa

Seep

sapun

Bruusgeel

gel za tuširanje

Hoorwaschmiddel

šampon

Waschlappen

krpe za pranje

Afloop

odvod

Creme

krema

Deodorant

dezodorans

Spegel

ogledalo

Kosmetikspegel

ogledalo za šminkanje

Raserer

brijač

Raseerschuum

pjena za brijanje

Raseerwater

vodica poslije brijanja

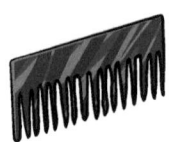

Kamm

češalj

Böst

četka

Hoordröger

fen

Hoorspray

sprej za kosu

Smink

puder

Lippensticken

karmin

Nagellack

lak za nokte

Watt

vata

Nagelscheer

makazice za nokte

Rüükwater

parfem

Kulturbüdel

kozmetička torbica

Schemel

hoklica

Waag

vaga

Baadmantel

kupaći ogrtač

Gummihanschen

rukavice za čišćenje

Tampon

tampon

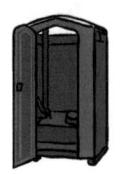

Damenbinn

uložak za dame

Chemieklo

hemijski toalet

Kinnerstuuv

dječija soba

Wecker
budilnik
Knudeldeert
plišana igračka
Speeltüüchauto
auto za igru
Klöter
zvečka
Poppenhuus
kućica za lutke
Geschenk
poklon

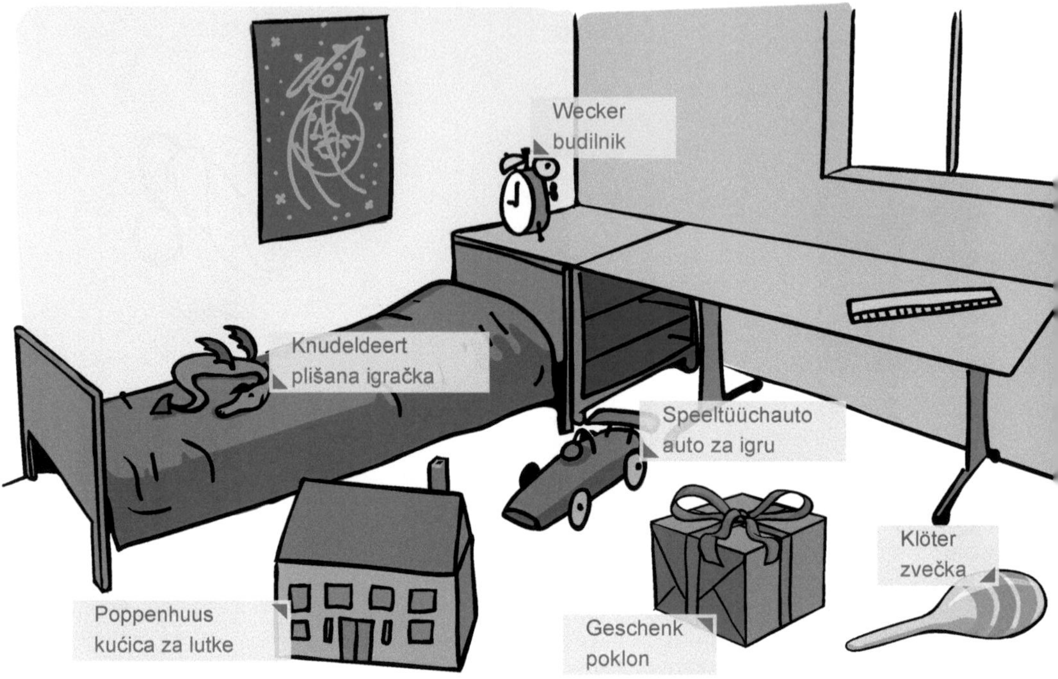

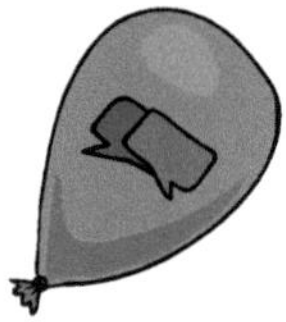

Luftballon

balon

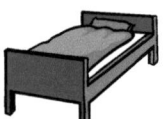

Puuch

krevet

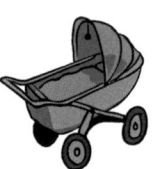

Kinnerwagen

kolica za djecu

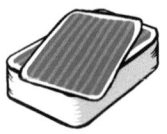

Koortenspeel

karte za igranje

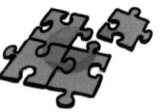

Puzzle

puzle

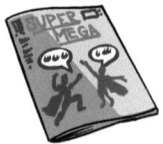

Billergeschicht

strip

Legostenen

lego kockice

Bustenen

kockice za gradnju

Action-Figur

akcione figure

Strampelantog

benkica

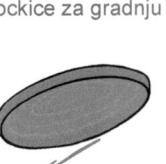

Frisbeeschiev

frizbi

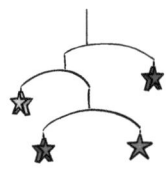

Mobile

mobile

Brettspeel

igra na ploči

Wörpel

kocka

Modelliesenbahn

miniatura željeznice

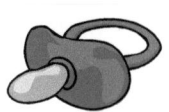

Snuller

cucla

Party

zabava

Billerbook

slikovnica

Ball

lopta

Popp

lutka

spelen

igrati

Sandkassen

pješćanik

Schuckel

ljuljačka

Speeltüüch

igračke

Speelkonsool

konzola za igru

Dreerad

triciklo

Teddyboor

medvjedić

Klederschapp

ormar

Tüüch

odjeća

Socken

kratke čarape

Strümp

čarape

Strumpbüx

hulahopke

44

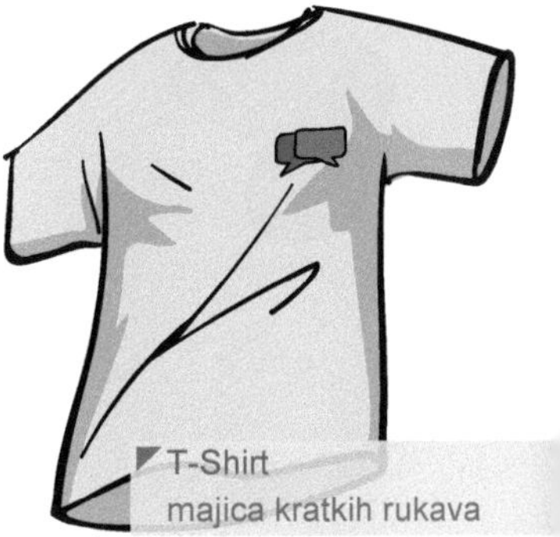

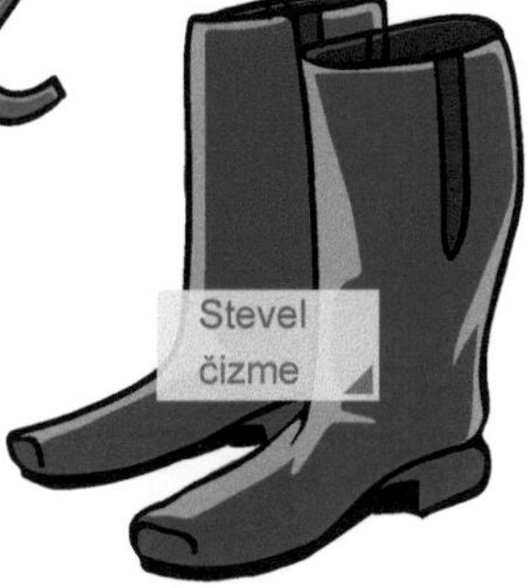

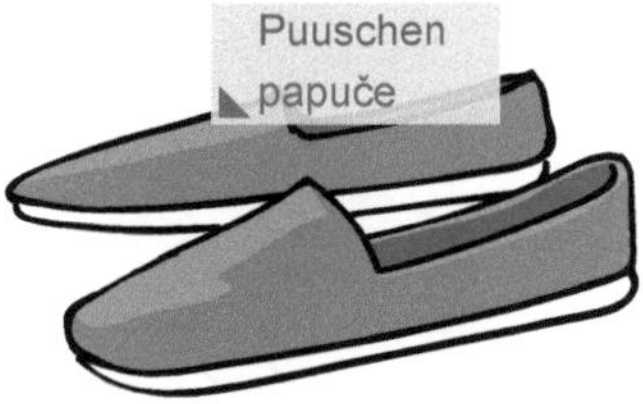

Halsdook
šal

Liefreem
kaiš

Paraplü
kišobran

T-Shirt
majica kratkih rukava

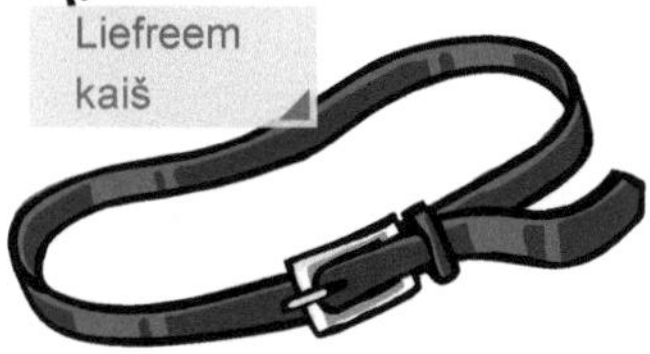

Turnschoh
patike

Stevel
čizme

Puuschen
papuče

Sandalen
sandale

Schoh
cipele

Gummistevel
gumene čizme

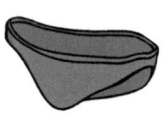

Ünnerbüx
gaće

Bostholler
grudnjak

Ünnerhemd
potkošulja

Lief

bodi

Büx

hlače

Jeansnüx

farmerke

Rock

suknja

Bluus

bluza

Hemd

košulja

Pullover

džemper

Kapuzenpullover

majica

Blazer

sako

Jack

jakna

Mantel

mantil

Övertrecker

kišni mantil

Kostüm

kostim

Kleed

haljina

Hochtietskleed

vjenčanica

Antog

odijelo

Nachtkleed

spavaćica

Slaapantog

pidžama

Sari

sari

Koppdook

marama

Turban

turban

Burka

burka

Kaftan

kaftan

Abaya

abaja

Baadantog

kupaći kostim

Baadbüx

kupaće gaće

Korte Büx

kratke hlače

Antog to'n Öven

trenerka

Schört

pregača

Handschoh

rukavice

Knopp

dugme

Brill

naočare

Armband

narukvica

Halskeed

ogrlica

Ring

prsten

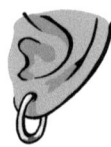

Ohrbummel

naušnica

Mütz

kapa

Klederbögel

vješalica

Hoot

šešir

Binner

kravata

Rietslüter

patentni zatvarač

Helm

kaciga

Drachtband

tregeri za hlače

Schooluniform

školska uniforma

Uniform

uniforma

Tüüch - odjeća

Severböten
....
podbradak

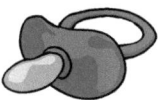

Snuller
....
cucla

Winnel
....
pelene

Büro
ured

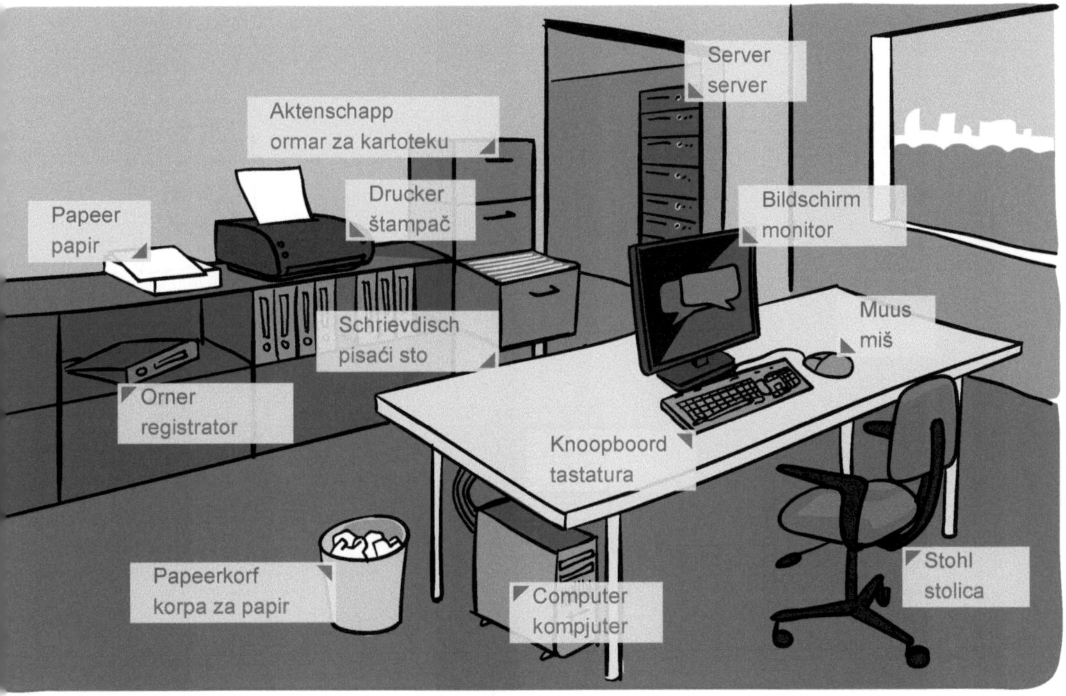

Server
server

Aktenschapp
ormar za kartoteku

Drucker
štampač

Bildschirm
monitor

Papeer
papir

Muus
miš

Schrievdisch
pisaći sto

Orner
registrator

Knoopboord
tastatura

Papeerkorf
korpa za papir

Computer
kompjuter

Stohl
stolica

Koffiebeker
....
šolja za kafu

Taschenreekner
....
kalkulator

Internet
....
internet

Klappreekner

laptop

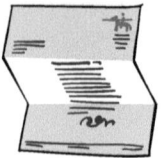

Breef

pismo

Naricht

poruka

Ackersnacker

mobilni telefon

Nettwark

mreža

Kopeerapparat

aparat za kopiranje

Software

softver

Klöönkassen

telefon

Steekdoos

utičnica

Faxapparat

faks

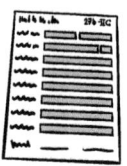

Formulor

formular

Dokument

dokument

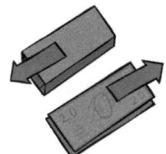

köpen

kupovati

betahlen

platiti

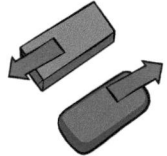

hanneln

trgovati

Geld

novac

Dollar

dolar

Euro

euro

Yen

jen

Ruvel

rublja

Swiezer Franken

franak

Renminbi Yuan

renminbi jen

Rupie

rupi

Geldautomat

bankomat

Wesselstuuv

mjenjačnica

Gold

zlato

Sülver

srebro

Ööl

nafta

Energie

energija

Pries

cijena

Verdrag

ugovor

Stüer

porez

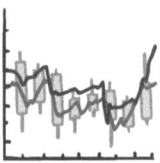

Andeelschien

akcija

arbeiden

raditi

Anstellte

službenik

Arbeitgever

poslodavac

Fabrik

fabrika

Hökerie

radnja

Profeschonen
zanimanja

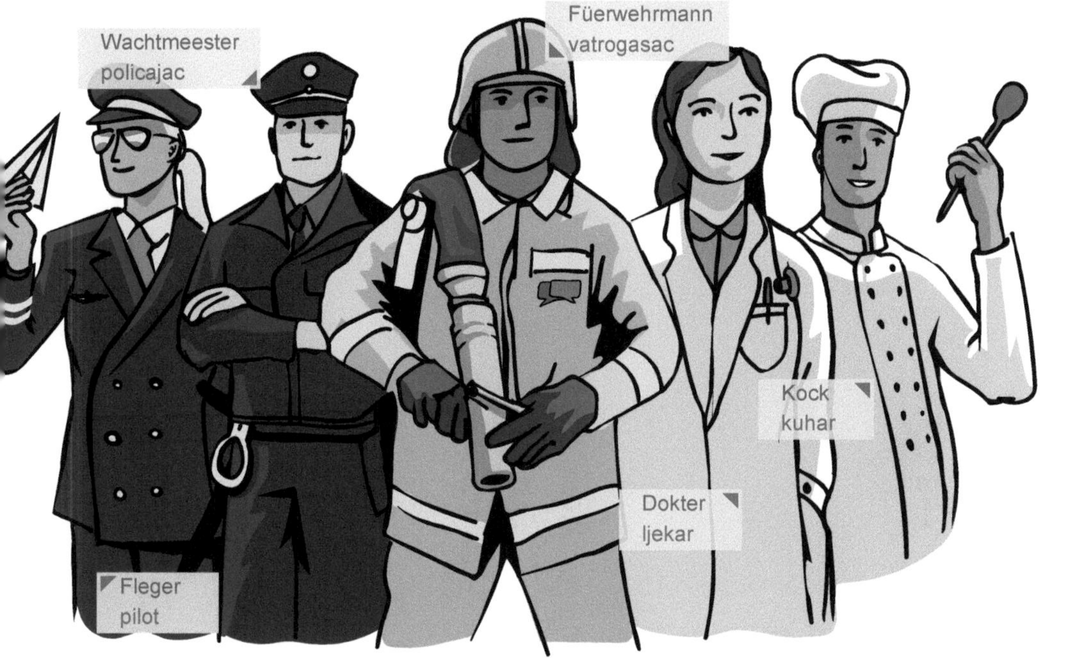
Wachtmeester
policajac
Füerwehrmann
vatrogasac
Kock
kuhar
Dokter
ljekar
Fleger
pilot

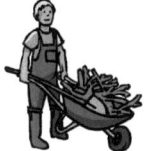

Goorner

baštovan

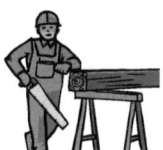

Discher

stolar

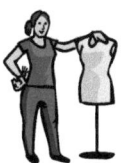

Neihersche

krojačica

Richter

sudija

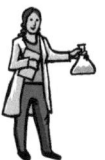

Chemiker

hemičar

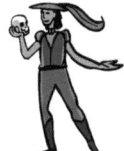

Schauspeler

glumac

Busfohrer

vozač autobusa

Taxifohrer

vozač taksija

Fischer

ribar

Reinmaakfru

čistačica

Dackdecker

krovopokrivač

Kellner

konobar

Jäger

lovac

Maler

moler

Bäcker

pekar

Elektriker

električar

Buarbeider

građevinski radnik

Ingenieur

inženjer

Slachter

koljač

Klempner

limar, vodoinstalater

Postbüdel

poštar

Suldat

vojnik

Architekt

arhitekta

Kasserer

blagajnik

Florist

cvjećar

Putzbüdel

frizer

Schaffner

kontrolor

Mechaniker

mehaničar

Kaptein

kapiten

Tähndokter

zubar

Wetenschopler

naučnik

Rabbi

rabin

Imam

imam

Mönk

monah

Paap

sveštenik

Warktüüch
alat

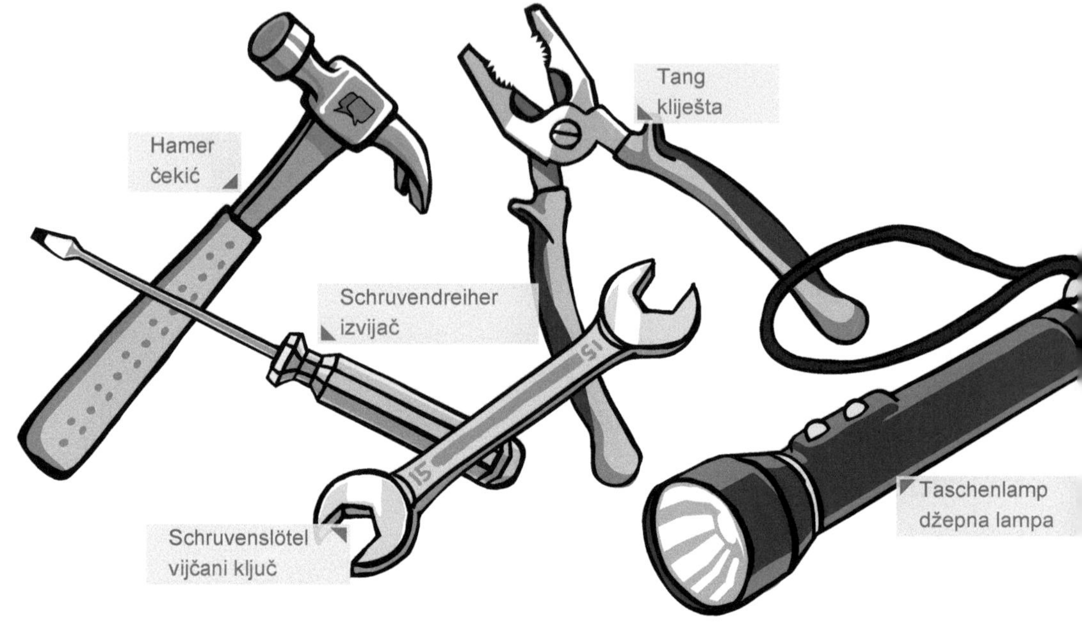

Hamer
čekić
Tang
kliješta
Schruvendreiher
izvijač
Schruvenslötel
vijčani ključ
Taschenlamp
džepna lampa

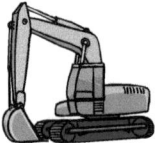

Grieper

bager

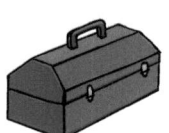

Warktüüchkassen

kutija sa alatom

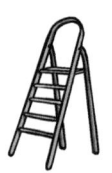

Ledder

ljestve

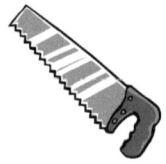

Saag

testera, pila

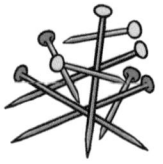

Nagels

ekser

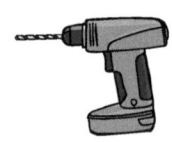

Bohrer

bušilica

heelmaken

popraviti

Schüffel

lopata

Schiet!

sranje!

Kehrblick

lopatica

Farvpott

kanta boje

Schruven

vijak

Musikinstrumenten
muzički instrumenti

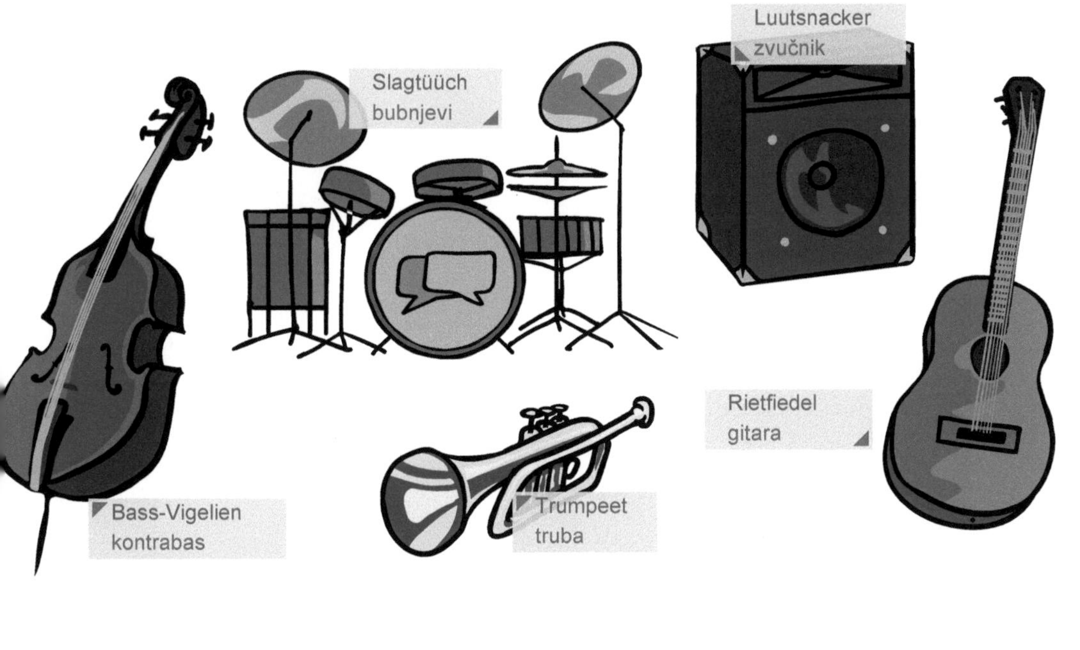

Slagtüüch
bubnjevi

Luutsnacker
zvučnik

Rietfiedel
gitara

Bass-Vigelien
kontrabas

Trumpeet
truba

Klaveer

klavir

Vigelien

violina

Bass

bas

Pauk

bubanj timpani

Trummeln

bubanj

Keyboard

sintisajzer

Saxophon

saksofon

Fleut

flauta

Mikrofoon

mikrofon

Deertenpark
zološki vrt

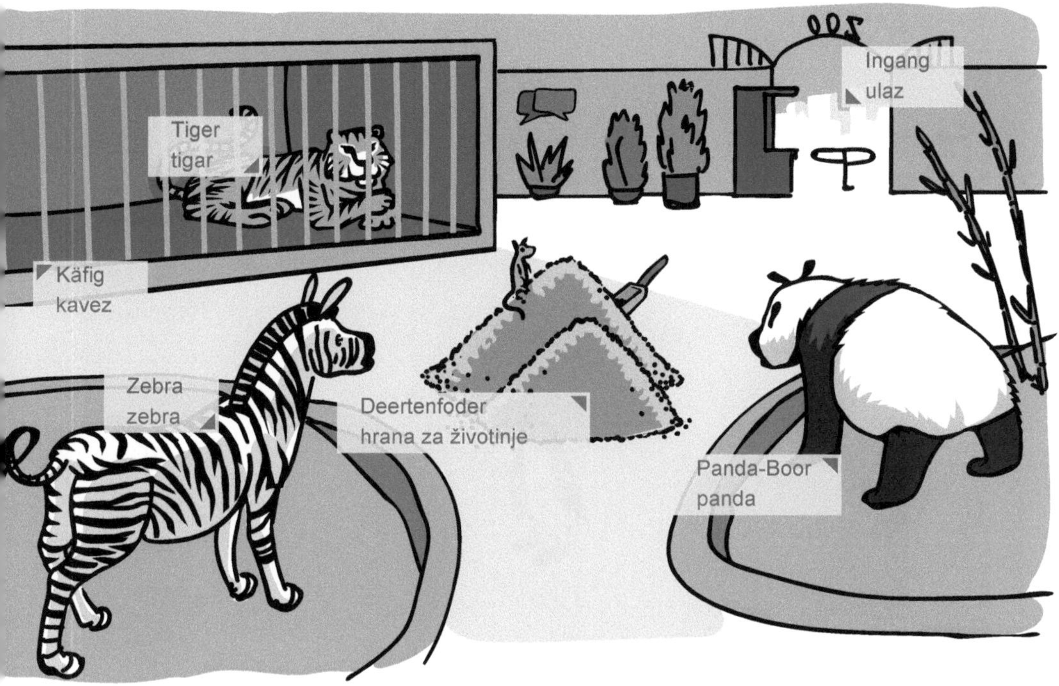

Ingang
ulaz
Tiger
tigar
Käfig
kavez
Zebra
zebra
Deertenfoder
hrana za životinje
Panda-Boor
panda

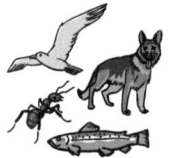

Deerten
životinje

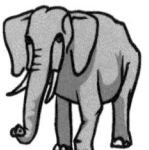

Elefant
slon

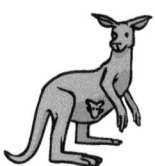

Känguru
kengur

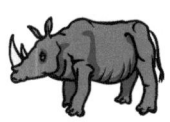

Neeshoorn
nosorog

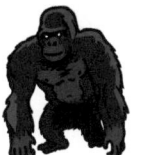

Gorilla
gorila

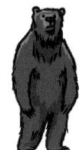

Boor
medvjed

Kameel

kamila

Struuß

noj

Lööv

lav

Aap

majmun

Flamingo

flamingo

Papagoi

papagaj

Iesboor

polarni medvjed

Pinguin

pingvin

Haifisch

morski pas

Pageluun

paun

Slang

zmija

Krokodil

krokodil

Oppasser in'n Deertenpark

čuvar u zološkom vrtu

Saalhund

tuljan

Jaguor

jaguar

Pony

poni

Leopard

leopard

Nilpeerd

nilski konj

Giraff

žirafa

Aadler

orao

Wildswien

divlja svinja

Fisch

riba

Schildkrööt

kornjača

Walross

morž

Voss

lisica

Gazell

gazela

Amerikaansch Football
američki fudbal

Radfohren
vožnja bicikla

Tennis
tenis

Korfball
košarka

Swümmen
plivanje

Boxen
boks

Ieshockey
hokej na ledu

Football
fudbal

Fedderball
bedminton

Leichtathletik
laka atletika

Handball
rukomet

Skilopen
skijanje

Polo
polo

Aktivitäten
aktivnosti

springen
skakati
lachen
smijati se
ümarmen
zagrliti
gahn
ići
singen
pjevati
drömen
sanjati
beden
moliti
snuteln
ljubiti

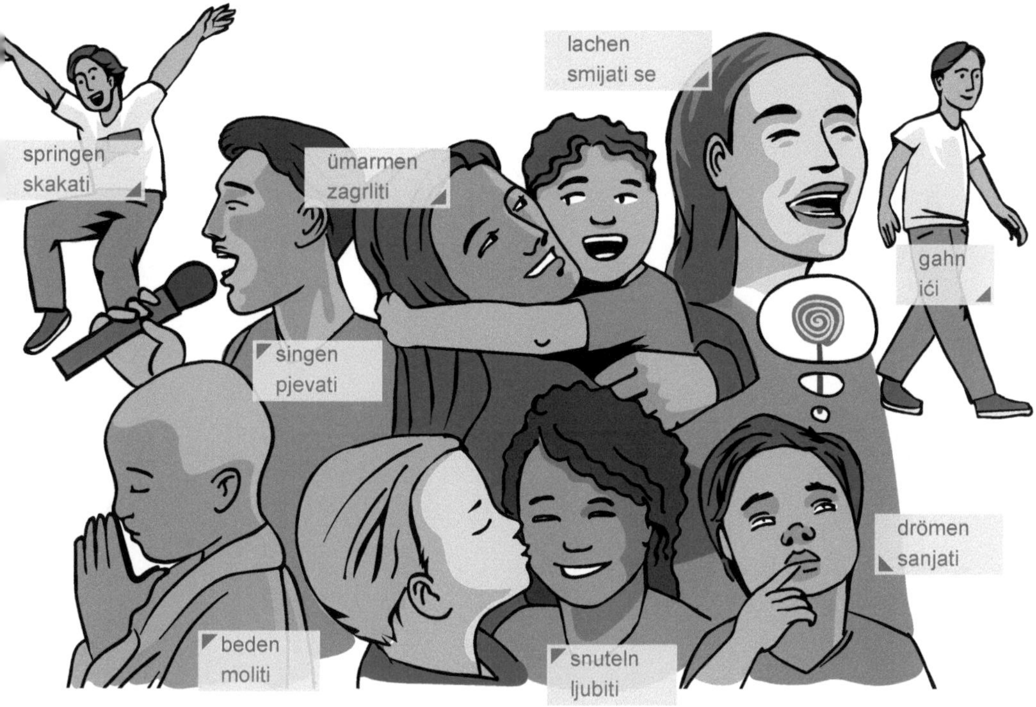

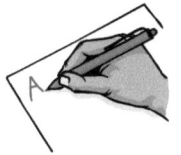

schrieven
pisati

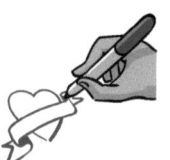

teken
crtati

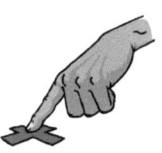

wiesen
pokazati

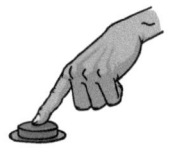

drücken
gurati

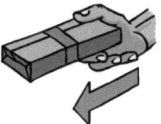

geven
dati

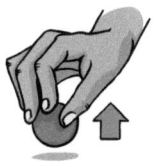

nehmen
uzeti

hebben
imati

doon
raditi

sien
biti

stahn
stajati

lopen
trčati

trecken
vući

smieten
baciti

fallen
pasti

liggen
ležati

töven
čekati

dregen
nositi

sitten
sjediti

antrecken
obući

slapen
spavati

opwaken
probuditi

ankieken

pogledati

wenen

plakati

eien

milovati

kämmen

češljati

snacken

govoriti

verstahn

razumjeti

fragen

pitati

hören

slušati

drinken

piti

eten

jesti

oprümen

pospremiti

leefhebben

voljeti

kaken

kuhati

fohren

voziti

flegen

letjeti

segeln

jedriti

reken

računati

lesen

čitati

lehren

učiti

arbeiden

raditi

de Plünnen tohoopsmieten

vjenčavti

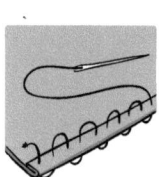

neihen

šiti

Tähnen putzen

prati zube

dootmaken

ubiti

smöken

pušiti

schicken

slati

Familje
porodica

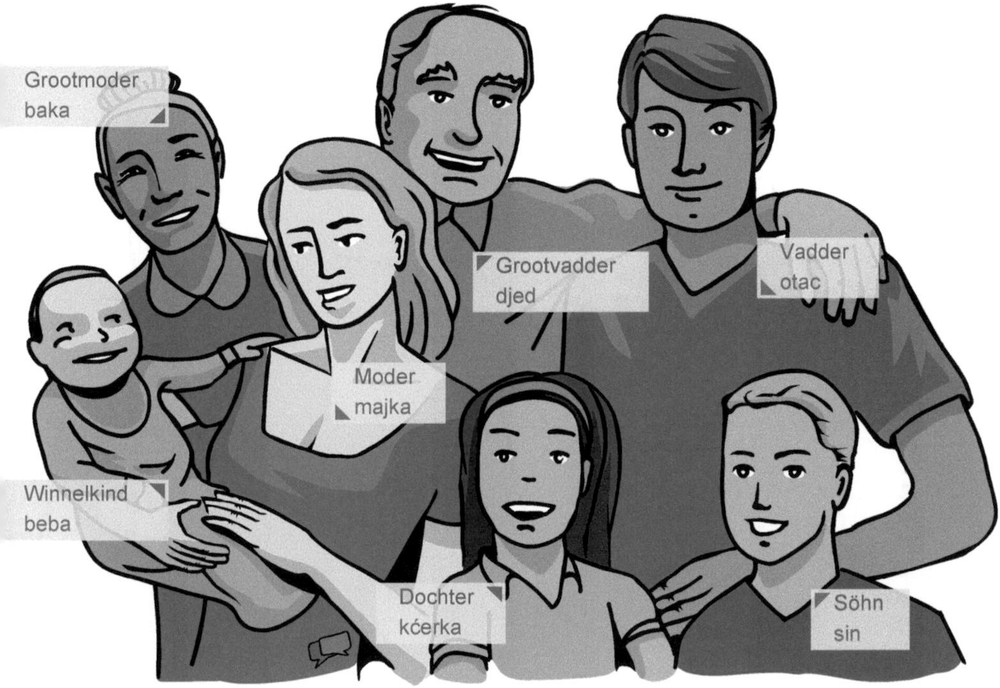
Grootmoder
baka
Grootvadder
djed
Vadder
otac
Moder
majka
Winnelkind
beba
Dochter
kćerka
Söhn
sin

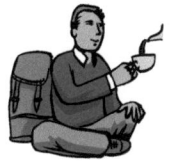

Gast
gost

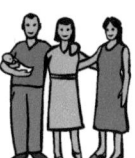

Tant
ujna, tetka, strina

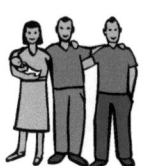

Unkel
ujak, tetak, stric

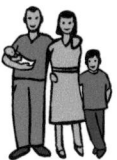

Broder
brat

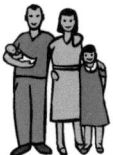

Süster
sestra

Lief

tijelo

Vörkopp
čelo
Oog
oko
Schuller
leđa
Finger
prst
Gesicht
lice
Kinn
brada
Hand
ruka, šaka
Been
noga
Bost
grudi
Arm
ruka

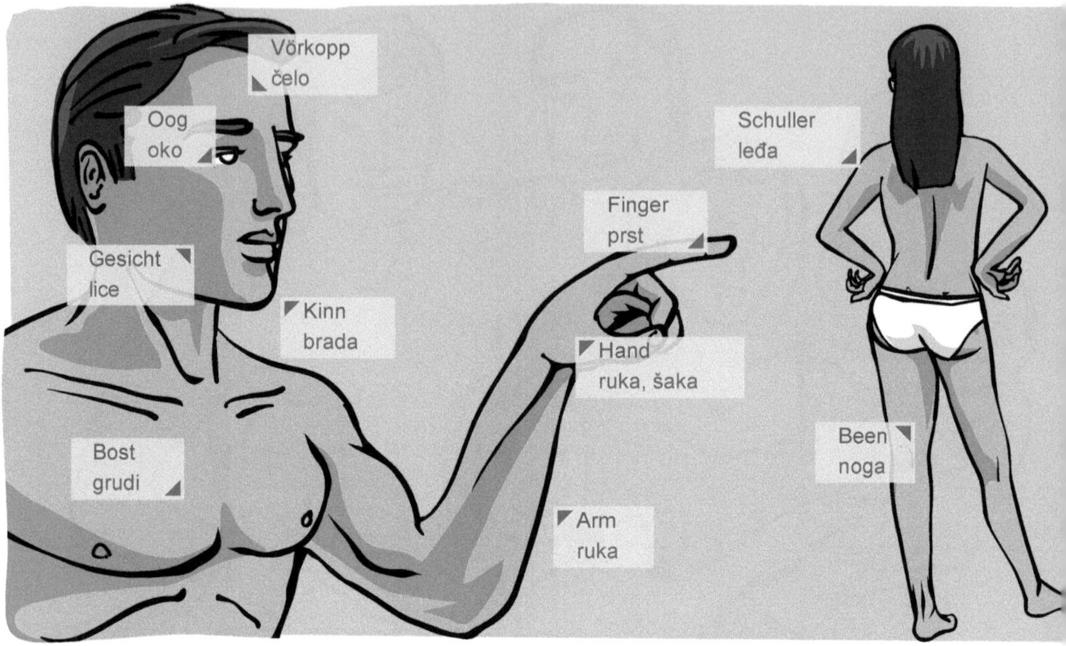

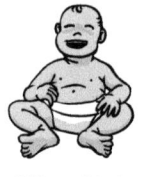

Winnelkind

beba

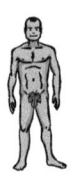

Mann

muškarac

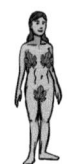

Fro

žena

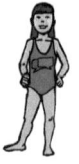

Deern

djevojčica

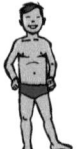

Jung

dječak

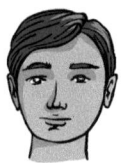

Arm

glava

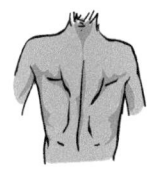

Rüch

leđa

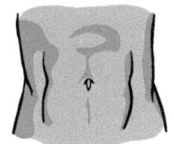

Buuk

stomak

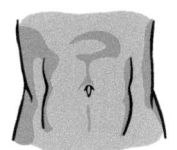

Navel

pupak

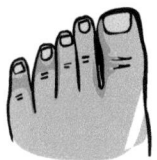

Teh

nožni prst

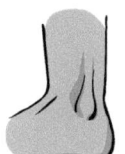

Hack

peta

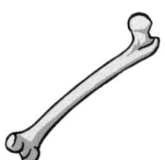

Knaken

kosti

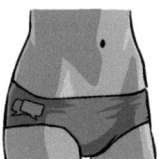

Hüft

kuk

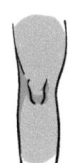

Knee

koljeno

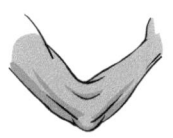

Ellbagen

lakat

Nees

nos

Achtersen

stražnjica

Huut

koža

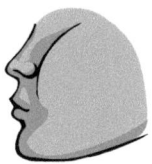

Back

obraz

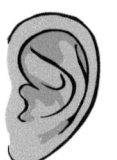

Ohr

uho

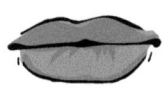

Lipp

usna

Mund

usta

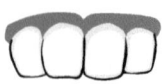

Tähn

zub

Tung

jezik

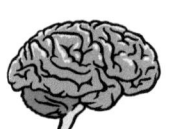

Bregen

mozak

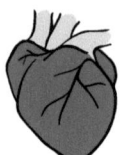

Hart

srce

Muskel

mišić

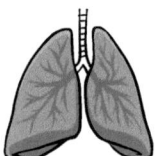

Lung

pluća

Lever

jetra

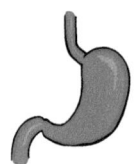

Maag

želudac

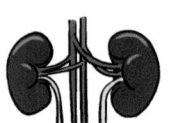

Neren

bubreg

Bislaap

spolni odnos

Kondoom

kondom

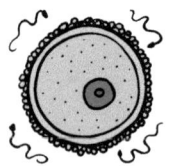

Eizell

jajna ćelija

Sperma

sperma

Anner Ümstänn

trudnoća

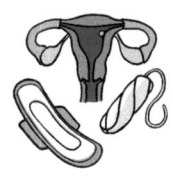

Menstruatschoon

menstruacija

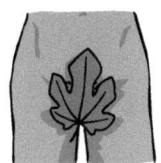

Scheed

vagina

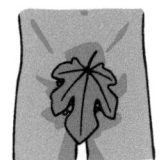

Pint

penis

Ogenbroe

obrva

Hoor

kosa

Hals

vrat

Krankenhuus
bolnica

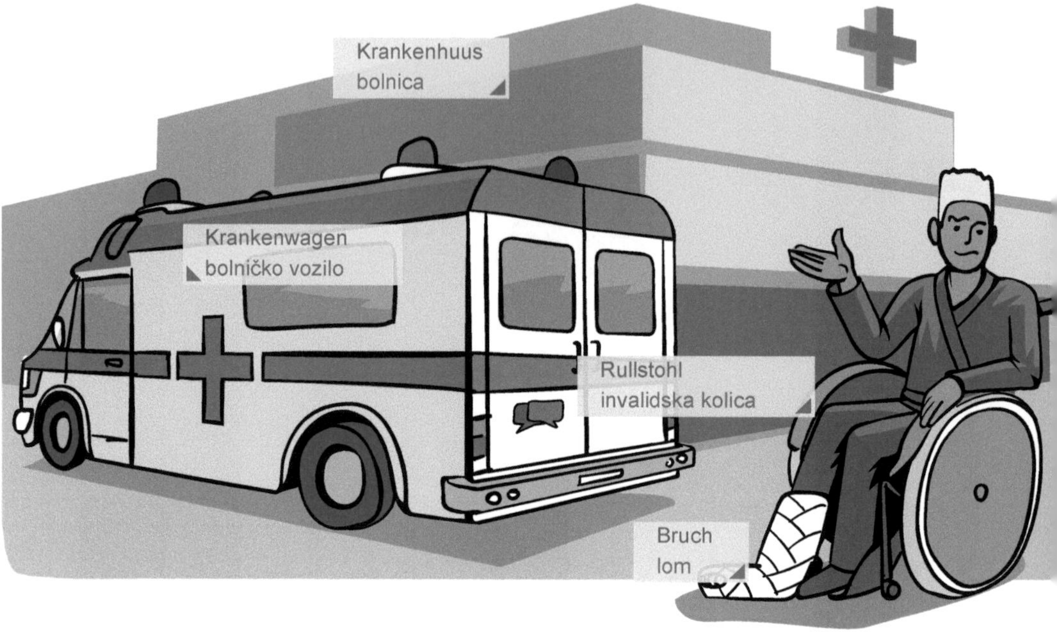

Krankenhuus
bolnica
Krankenwagen
bolničko vozilo
Rullstohl
invalidska kolica
Bruch
lom

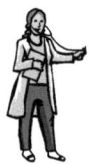

Dokter
ljekar

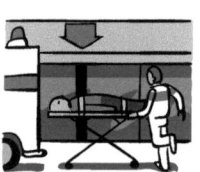

Nootopnahm
hitna služba

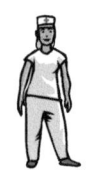

Krankensüster
medicinska sestra

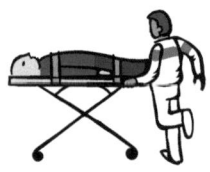

Nootfall
hitna pomoć

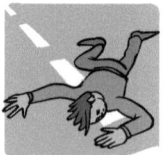

ahnmächtig
nesvjest

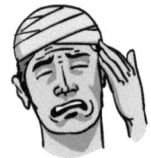

Wehdaag
bol

Verwunnen

povreda

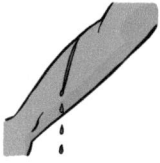

Blöden

krvarenje

Hartinfarkt

srčani udar, infarkt

Slaganfall

moždani udar

Allergie

alergija

Hoosten

kašalj

Fever

groznica

Gripp

gripa

Dörchfall

proljev

Koppwehdaag

glavobolja

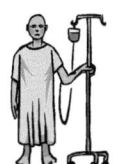

Kreeft

rak

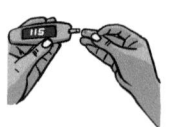

Zuckersüük

dijabetes

Chirurg

hirurg

Chirurgsch Mess

skalpel

Operatschoon

operacija

CT

CT

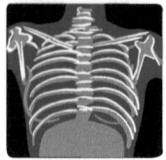

Dörchlüchten

rendgen

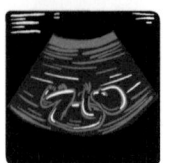

Ultraschall

ultrazvuk

Mask

maska

Krankheit

bolest

Töövruum

čekaonica

Krück

štake

Plaaster

flaster

Verband

zavoj

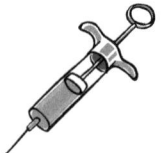

Insprütten

injekcija

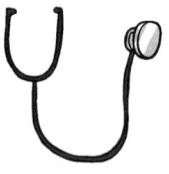

Stethoskop

stetoskop

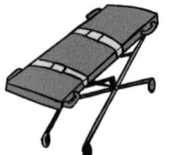

Draag

nosilo

Feverthermometer

termometar

Geboort

porod

Övergewicht

prekomjerna težina, debljina

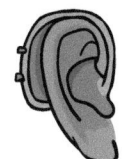

Höörapparat

slušni aparat

Kiemfriemiddel

sredstvo za dezinfekciju

Ansteken

infekcija

Virus

virus

HIV / AIDS

HIV/ AIDS

Heelmiddel

medicina

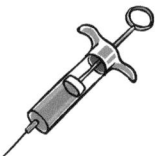

Impen

vakcinacija

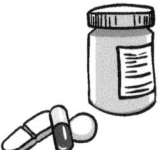

Tabletten

tablete

Pill

pilula

Nootroop

hitni poziv

Blootdruck-Meter

aparat za mjerenje pritiska

krank / gesund

bolestan / zdrav

Hölp!

Upomoć!

Alarm

alarm

Överfall

napad, prepad

Angreep

napad

Gefohr

opasnost

Nootutgang

izlaz u slučaju opasnosti

Füer!

Požar!

Füerlöscher

vatrogasni aparat

Unfall

nezgoda

Noothölpkoffer

torba prve pomoći

SOS

SOS

Polizei

policija

Europa

Europa

Noordamerika

Sjeverna Amerika

Süüdamerika

Južna Amerika

Afrika

Afrika

Asien

Azija

Australien

Australija

Atlantik

Atlantik

Pazifik

Pacifik

Indisch Weltmeer

Indijski okean

Antarktisch Weltmeer

Antarktički okean

Arktisch Weltmeer

Arktički okean

Noordpol

Sjeverni pol

Süüdpol

Južni pol

Antarktis

Antarktik

Eerd

Zemlja

Land

zemlja

See

more

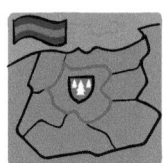

Eiland

ostrvo

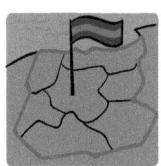

Natschoon

nacija

Staat

država

Tallenblatt

brojčanik sata

Stunnenwieser

kazaljka sata

Minutenwieser

kazaljka minute

Sekunnenwieser

kazaljka sekunde

Wo laat is dat?

Koliko je sati?

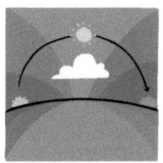

Dag

dan

Tiet

vrijeme

nu

sada

digetaalsch Klock

digitalni sat

Minuut

minuta

Stunn

sat

Week

sedmica, nedjelja

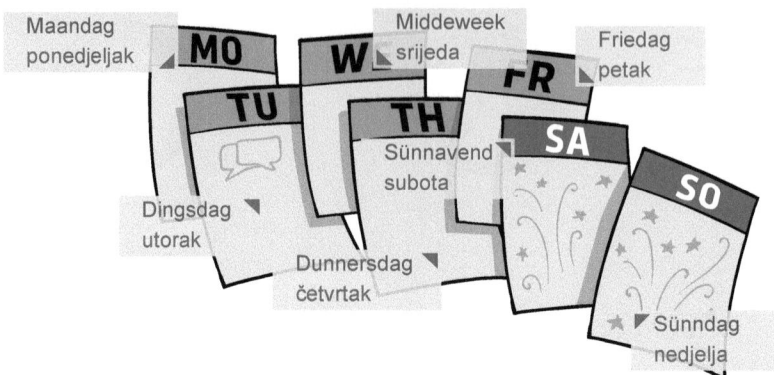

Maandag
ponedjeljak

MO

W

Middeweek
srijeda

Friedag
petak

FR

TU

TH

SA

SO

Sünnavend
subota

Dingsdag
utorak

Dunnersdag
četvrtak

Sünndag
nedjelja

güstern

juče

hüüt

danas

morgen

sutra

Morgen

jutro

Meddag

podne

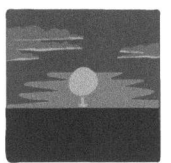

Avend

veče

MO	TU	WE	TH	FR	SA	SU
1	2	3	4	5	6	7
8	9	10	11	12	13	14
15	16	17	18	19	20	21
22	23	24	25	26	27	28
29	30	31	1	2	3	4

Arbeitsdaag

radni dani

MO	TU	WE	TH	FR	SA	SU
1	2	3	4	5	6	7
8	9	10	11	12	13	14
15	16	17	18	19	20	21
22	23	24	25	26	27	28
29	30	31	1	2	3	4

Wekenenn

vikend

Johr
godina

Regen
kiša
Regenbagen
duga
Wind
vjetar
Snee
snijeg
Fröhjohr
proljeće
Harvst
jesen
Sommer
ljeto
Winter
zima

4.APRIL 11°
5.APRIL 4°
6.APRIL 13°
7.APRIL 8°
8.APRIL 10°

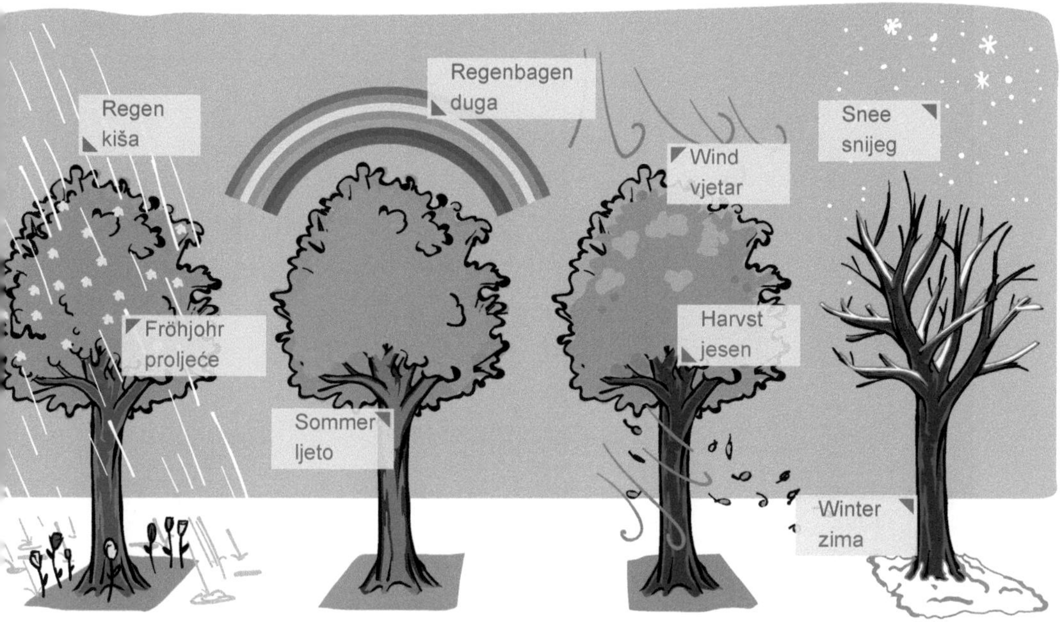

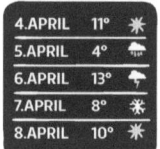

Wedervörhersaag
prognoza vremena

F C
120 40
30
90 20
60 10
30 0
0 -10
-30 -20

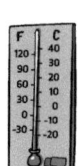

Thermometer
termometar

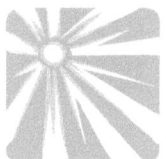

Sünnenschien
sunčev sjaj

Wulk
oblak

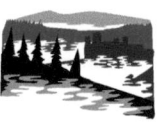

Nevel
magla

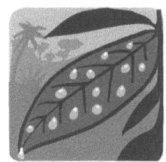

Luftfuchtigkeit
vlažnost vazduha

Blitz

munja

Dunner

grom

Storm

oluja

Hagel

tuča, led

Monsun

monsun

Floot

poplava

les

led

Januormaand

januar

Februormaand

februar

Martmaand

mart

Aprilmaand

april

Maimaand

maj

Junimaand

juni

Julimaand

juli

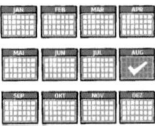

Augustmaand

avgust

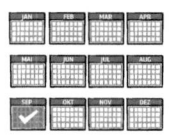

Septembermaand

septembar

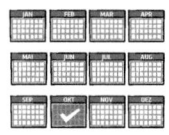

Oktobermaand

oktobar

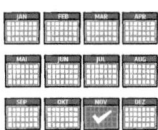

Novembermaand

novembar

Dezembermaand

decembar

Krink

krug

Quadrat

kvadrat

Rechteck

pravougao

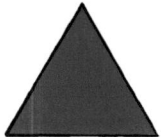

Dreeeck

trougao

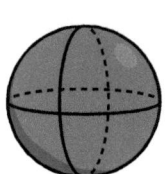

Kugel

kugla

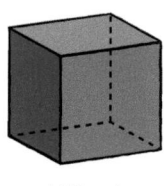

Wörpel

kocka

witt

bjel

geel

žut

orangsch

narandžast

pink

pink

root

crven

lila

ljubičast

blau

plav

gröön

zelen

bruun

smeđ

gries

siv

swart

crn

veel / wenig

malo / mnogo

böös / verdreeglich

ljutit / miran

smuck / mies

lijep / ružan

Begünn / Enn

početak / kraj

groot / lütt

veliki / mali

hell / düüster

svijetlo / tamno

Broder / Süster

brat / sestra

schier / schietig

čist / prljav

kumpleet / nich kumpleet

potpun / nepotpun

Dag / Nacht

dan / noć

doot / lebennig

mrtav / živ

breet / small

široko / usko

geneetbor / nich geneetbor

ukusno / neukusno

böös / fründlich

zao / prijatan

fickerig / langwielt

uzbuđen / dosadan

dick / dünn

debeo / mršav

toeerst / toletzt

najprije / najkasnije

Fründ / Fiend

prijatelj / neprijatelj

vull / leddig

pun / prazan

hart / week

trvd / mekan

swoor / licht

težak / lagan

Smacht / Döst

glad / žeđ

krank / gesund

bolestan / zdrav

nich na't Recht / na't Recht

ilegalan / legalan

klook / dummerhaftig

inteligentan / glup

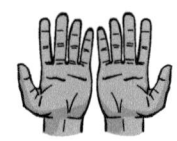

linkerhand / rechterhand

lijevo / desno

neeg / feern

blizu / daleko

nieg / bruukt
nov / polovan

nix / wat
ništa / nešto

oolt / jung
star / mlad

an / ut
uključeno / isključeno

apen / slaten
otvoreno / zatvoreno

lies / luut
tiho / glasno

riek / arm
bogat / siromašan

richtig / verkehrt
tačno / pogrešno

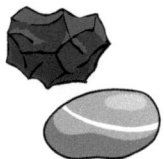

ruug / glatt
hrapav / glatak

trurig / glücklich
tužan / srećan

kort / lang
kratak / dug

suutje / flink
spor / brz

natt / dröög
mokro / suho

warm / köhl
toplo / hladno

Krieg / Freden
rat / mir

0	**1**	**2**
null	een	twee
nula	jedan	dva

3	**4**	**5**
dree	veer	fief
tri	četiri	pet

6	**7**	**8**
söss	söven	acht
šest	sedam	osam

9	**10**	**11**
negen	teihn	ölven
devet	deset	jedanaest

12	**13**	**14**
twölf	dörteihn	veerteihn
dvanaest	trinaest	četrnaest

15	**16**	**17**
föffteihn	sössteihn	söventeihn
petnaest	šesnaest	sedamnaest

18	**19**	**20**
achtteihn	negenteihn	twintig
osamnaest	devetnaest	dvadeset

100	**1.000**	**1.000.000**
hunnert	dusend	million
sto	hiljada	milion

Engelsch

engleski

Amerikaansch Engelsch

američki engleski

Chineesch Mandarin

kinesko mandarinski

Hindi

hindi

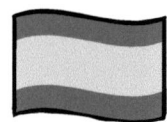

Spaansch

španski

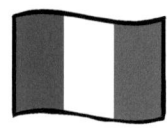

Franzöösch

francuski

Araabsch

arapski

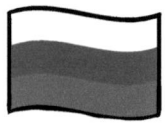

Rusch

ruski

Portugiesch

portugalski

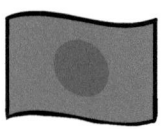

Bengaalsch

bengalski

Düütsch

njemački

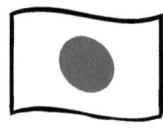

Japaansch

japanski

ik
ja

du
ti

he / se / dat
on / ona / ono

wi
mi

ji
vi

se
oni

keen?
ko?

wat?
šta?

woans?
kako?

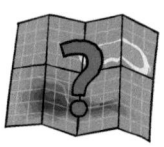

woneem?
gdje?

wannehr?
kada?

Naam
ime

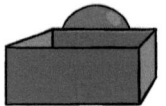

achter

iza

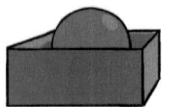

in

u

vör

pred

över

iznad

op

na

ünner

ispod

blangen

pored

twüschen

između

Oort

mjesto